中等职业教育改革创新示范教材
全国职业院校课程改革规划新教材

汽车维修服务接待

（第二版）

北京运华天地科技有限公司　组织编写
　　　　　　　　　　　　　李景芝　主　编
　　　　　　　　　　　　　鲍恩宽　主　审

人民交通出版社股份有限公司
China Communications Press Co.,Ltd.

内 容 提 要

本书是全国职业院校课程改革规划新教材之一，主要内容包括：汽车维修用户消费心理及行为特征、汽车维修业务知识、汽车维修服务接待、汽车维修服务管理、汽车维修财务知识等。

本书可作为职业院校汽车整车与配件营销专业、汽车商务专业的教材用书，也可作为汽车维修接待人员的培训教材以及汽车维修企业管理人员的参考读物。

图书在版编目(CIP)数据

汽车维修服务接待 / 李景芝主编. —2版. —北京：
人民交通出版社股份有限公司，2017.1
ISBN 978-7-114-13541-5

Ⅰ.①汽… Ⅱ.①李… Ⅲ.①汽车—车辆修理—商业服务—中等专业学校—教材 Ⅳ.①U472.4

中国版本图书馆 CIP 数据核字(2016)第 309451 号

书　　　名：	汽车维修服务接待（第二版）
著 作 者：	李景芝
责任编辑：	时　旭
出版发行：	人民交通出版社股份有限公司
地　　　址：	(100011)北京市朝阳区安定门外外馆斜街3号
网　　　址：	http://www.ccpcl.com.cn
销售电话：	(010)59757973
总 经 销：	人民交通出版社股份有限公司发行部
经　　销：	各地新华书店
印　　刷：	北京市密东印刷有限公司
开　　本：	787×1092　1/16
印　　张：	11.5
字　　数：	269千
版　　次：	2010年7月　第1版 2017年1月　第2版
印　　次：	2023年 2 月　第2版　第3次印刷　总第12次印刷
书　　号：	ISBN 978-7-114-13541-5
定　　价：	26.00元

(有印刷、装订质量问题的图书由本公司负责调换)

第二版前言

近年来,我国汽车生产量和销售量迅速增长。据统计,2015年我国汽车产、销量均超过2450万辆,创全球历史新高,连续七年蝉联全球第一。我国汽车市场已经彻底由卖方市场转化为买方市场。在现阶段和未来,汽车的销售比汽车制造更加重要也更加困难,对汽车商务人才需求也不断增加。汽车作为大件耐用消费品,其市场推广和营销方法不同于其他生活消费品,要求汽车营销人员掌握汽车营销、售后服务等各方面的知识。

本套全国职业院校课程改革规划新教材,作为汽车整车与配件营销专业、汽车商务专业的教学用书,自出版以来受到广大职业院校师生的好评。为了更好地适应汽车行业的快速发展,满足市场对汽车营销和销售服务人才的高要求,人民交通出版社股份有限公司组织相关专家、老师对本套教材进行了修订。本次修订力求与汽车营销的实际工作相结合,注重对学生技能的培养,以帮助学生尽快适应高难度、高技巧、高专业化的汽车营销岗位。

《汽车维修服务接待(第二版)》的修订工作,是以本书第一版为基础,吸收了教材使用院校教师的意见和建议,在修订方案的指导下完成的。修订内容主要体现在以下几个方面:

(1)删去汽车维修接待职业道德、汽车及零部件故障的内容。

(2)更新汽车维修财务知识、机动车维修管理规定的内容。

(3)增加汽车维修服务接待实训工作页、汽车维修管理工作页的内容。

(4)更新部分数据及相关标准,并纠正原版教材中的错误。

本书由山东交通学院李景芝担任主编,慈溪市锦堂高级职业中学陆松波、北京市房山区第二职业中学王胜旭、北京市昌平职业学校丁云鹏担任副主编。参与本书编写工作的还有李易、赵培全、冉广仁、李新来。本书由鲍恩宽担任主审。

限于编者的水平,书中难免有不妥之处,敬请广大读者批评指正。

编 者
2016年10月

目录

第一章 汽车维修用户消费心理及行为特征 ... 1
- 第一节 汽车消费行为影响因素 ... 1
- 第二节 汽车消费的不同动机 ... 4
- 第三节 客户消费行为模式 ... 8
- 第四节 不同群体汽车维修心理分析 ... 11
- 复习思考题 ... 14

第二章 汽车维修业务知识 ... 17
- 第一节 汽车的维护与修理 ... 17
- 第二节 汽车维修流程 ... 20
- 第三节 汽车维修质量及保证体系 ... 23
- 第四节 汽车维修核价 ... 28
- 复习思考题 ... 30

第三章 汽车维修服务接待 ... 34
- 第一节 汽车维修接待员职责 ... 34
- 第二节 汽车维修接待员基本素质 ... 37
- 第三节 维修接待内容 ... 37
- 第四节 维修接待礼仪 ... 43
- 第五节 电话使用技巧 ... 51
- 第六节 其他常用礼节 ... 57
- 第七节 客户喜欢的维修接待员 ... 64
- 复习思考题 ... 64

第四章 汽车维修服务管理 ... 74
- 第一节 早会管理 ... 74
- 第二节 汽车维修接待的5S管理 ... 78
- 第三节 汽车维修合同管理 ... 89
- 第四节 维修服务基本管理制度 ... 94
- 第五节 汽车保险的代办与服务 ... 99
- 第六节 客户抱怨受理机制 ... 113
- 第七节 汽车维修客户档案管理 ... 122

  复习思考题 ··· 127

第五章　汽车维修财务知识 ··· 137
  第一节　汽车维修收费结算方式 ····································· 137
  第二节　发票知识 ··· 147
  第三节　税务知识 ··· 150
  第四节　汽车维修企业的财务报告 ·································· 153
  复习思考题 ··· 160

附录一　机动车维修管理规定 ·· 161
附录二　定点汽车维修协议 ··· 172
参考文献 ·· 178

第一章 汽车维修用户消费心理及行为特征

 学习目标

通过本章的学习,你应能:
1. 了解消费者购买的行为模式、汽车消费行为的影响因素、汽车消费的不同动机等;
2. 熟悉私家车主、营运车主、公务车主维修汽车时的心理预期及消费特征;
3. 掌握汽车消费行为中6W2H。

第一节 汽车消费行为影响因素

汽车消费者生活在社会之中,个人消费行为自然会受到诸多因素的影响。影响消费者购车、维修的主要因素有基本因素、心理因素、文化因素、社会因素、政策因素等。

一、基本因素

影响消费者购车、维修的基本因素,见表1-1。

基本因素　　　　　　　　　　　　　　　　　　　　表1-1

收入	汽车购买力取决于: (1)收入水平。 (2)商品价格。 (3)居民储蓄。 (4)家庭负债。 (5)消费信贷等。 其中,个人收入水平是最主要的影响因素
	随着家庭收入的增加: 用于"吃"的支出金额基本不变,但所占比例在下降。 用于服装、交通、娱乐、保健等的支出比重上升,特别是高档生活消费品的消费比例大幅上升。 随着消费者收入水平的日益增长,用于汽车消费的比例将大幅度增加
职业	在汽车销售实务中,可以发现某品牌汽车的消费群中有相当比例的客户竟然有着相似的职业特征! "物以类聚,人以群分"这句俗语在汽车消费方面表现得十分突出。原因在于汽车的品牌、产地、价位、维修商群体等均带有十分强烈的性格差异,正如不同职业的人们在生活上的性格、在社会上所扮演的角色的差别一样。 当某汽车产品所表现出来的产品特性恰好与某一职业的客户性格不谋而合时,大家就会不约而同地去选购它

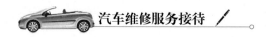

续上表

年龄阶段与家庭生命周期	【单身期】 年轻人几乎没有经济负担,消费观念紧跟潮流,注重娱乐,热爱汽车,渴望用汽车来彰显自己的社会地位,但因没有雄厚的经济实力,消费比较稚嫩,用车需求较少
	【新婚期】(结婚2年左右) 经济状况基本稳定,耐用消费品的购买主要在于购车还是买房。该阶段的人正处于人生创业阶段,购车是为了方便,消费更加理性
	【育儿期】(结婚5~6年) 开始养育孩子,财富相对有限,期盼改善居住条件,条件较好者开始考虑购车。此阶段工作稳定,对汽车需求有所提升
	【教育期】(结婚15年左右) 从孩子上学到孩子独立,资金积累逐年增加,孩子渐渐长大,接送孩子、上班便利、外出购物方便等催生了用车欲望
	【向老期】(结婚20年左右) 孩子已经基本独立,经济上不需要家庭太多支持,家庭经济实力雄厚,能够承受较高的消费,有较高的汽车消费能力
	【孤老期】(10~15年) 家中只余两人或一人,退休收入减少,消费汽车的欲望明显降低
生活方式	生活方式包括衣食住行、劳动工作、休息娱乐、社会交往、待人接物等物质生活和精神生活的多个层面,它是在一定历史时期与社会条件下,各民族、阶级和社会群体的生活模式。 生活方式的不同对人们的消费习惯及社会时尚有着巨大的影响。 不同生活方式的群体对汽车消费有着不同的需求。 有人追求个性,有人追求时尚,有人讲究安全,有人提倡经济,有人注重操控,有人追求刺激。反映在汽车维修方面,有人讲安全,有人贪图便宜,有人注重安全,有人要求便捷——维修接待人员要准确把握这些需求并尽量满足

二、心理因素

影响消费者购车、维修的心理因素,见表1-2。

心理因素　　　　　　　　　　　　　　　　　表1-2

动机	动机源自需要。 在汽车维修行为中,客户的汽车出现了使用功能方面、机械性能方面、安全性能方面、外形美观方面等不足或缺陷,就会产生维修需要
	(1)营运车辆(如出租车、大客车、货运租赁车等)的客户,维修基于生存需要,他们要求尽量缩短维修时间,在保证安全的前提下,降低维修费用。他们需要以汽车作为生产资料尽快投入生产
	(2)私家车车主看重汽车安全性,不会为了节省几个钱或者早一天用车而牺牲自己汽车的安全性
	(3)机关事业单位用车,则更多地讲究安全性以及汽车自身性能的恢复程度,一般不会在意维修费用的高低

续上表

知觉	知觉是人对事物的各种属性、各个部分以及他们之间关系的综合的、直接的反映,是个体选择、组织并解释感觉的过程。对于同一刺激物,人们会产生不同的知觉。 在汽车维修中,假如车身补漆之后与原来部位存在着比较明显的色差,客户可能就会提出异议,这就是知觉
攀比	我国消费者有着比较强烈的攀比消费心理,体现在汽车的不同消费阶段,特征如下: (1)购买阶段:由于攀比消费,可能会冲动地购买一辆自己暂时不太需要的汽车。 (2)使用阶段:处于攀比原因,客户可能会将自己汽车的某项性能、某种装备跟朋友的车进行比较,以求得心理的平衡。 (3)维修阶段:基于攀比心理,客户会与熟人比较自己维修汽车的同样一个部位所花费的金钱和达到的效果。 所有这一切,都会影响客户使用汽车的态度
信念	消费者通过对比,对汽车产品、维修服务等形成了某种信念,这会在很大程度上影响其以后的维修消费行为。 汽车维修企业不要试图改变消费者的信念,而应考虑如何改变自己的服务或形象,去迎合消费者的态度。 目前,消费者基本形成了这样的认识态势:在4S店维修,质量可靠、价格较高;在快修店维修,收费低廉、质量一般

三、社会因素

影响消费者购车、维修的社会因素,见表1-3。

社 会 因 素　　　　　　　　表1-3

汽车保有量	在汽车保有量大的区域,汽车维修企业当然会拥有巨大的基本消费群体。 一般来说,汽车保有量越大,汽车维修的业务量就越大
车主社会角色与地位	根据人们的职业、收入、财产、教育程度、居住区域、住房等因素,可以把社会群体划分出一个个的层次,称为社会阶层。 不同阶层的人们所扮演的角色、社会地位不同,在经济收入、价值观和个人兴趣等方面也有所差异,对汽车的品牌、车型、维修服务等各有偏好。 汽车维修企业应该努力把握好客户的这一心态,稳固一部分消费群体
家庭	家庭是社会最重要的消费购买组织,家庭成员对家庭购买行为影响很大。一个家庭的结构、成员在家庭中的地位、所处状态等都会影响这个家庭的购买行为。 受传统文化的影响,中国家庭成员在购买过程中,分别承担着不同的角色,往往夫妇中收入较高的一方在家庭中拥有较大的经济支配权。 不同支配类型的家庭,在购买大宗消费品时的决定权是不一样的。对所面对的家庭是属于丈夫支配型、妻子支配型还是共同支配型,值得研究。 在接待私家车的维修客户时,不要轻易怠慢客户的其他家庭成员

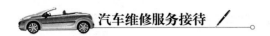

四、文化因素

文化是在人们社会实践中逐渐形成的,包括人们的价值观念、伦理道德、风俗习惯、宗教信仰、语言文字等。每个消费者都生活在一定的文化环境中,其价值观念、生活方式、消费心理、购买行为等,都受到文化环境的深刻影响,见表1-4。

文 化 因 素　　　　　　　　　　　　　　　　　表1-4

文化背景、文化水平、汽车专业知识	不同文化背景下的消费者有着不同的偏好。消费者所接受的教育程度与其收入、社会交往范围、居住环境以及消费习惯等均有着密切的关系。 接受教育程度越高的消费者,对消费需求的理性色彩越浓,如公务员、教师、医生等受教育程度较高的群体,汽车消费相对理性,他们讲求实用性,较多考虑汽车的安全性、价格,而对驾驶刺激、汽车外观的要求相对较低。 汽车专业知识较多的客户,对于汽车的维修针对性比较明显。 汽车维修企业要关注消费者的文化背景、文化水平、汽车专业知识等,向客户有的放矢地提供维修服务
社会习俗	社会习俗是社会风尚、礼节和习惯的总称。 习俗是在长期社会生活中形成的,其无形力量十分强大,常常会形成消费者的共同购买行为,形成消费习俗。 消费习俗随着经济的发展不断变化,与人们的信仰、生活地理位置和社会生活联系在一起。 节假日消费、信仰性消费,应该被汽车维修商加以注意或利用
亚文化	亚文化是存在于一个较大社会群体中的某一较小范围的社会群体所具有的特色文化,这种特色按照语言、信念、价值观、风俗习惯的不同,可分为民族亚文化、宗教亚文化、地理亚文化等。 例如:由于地理位置、气候、经济发展水平、风俗习惯的差异,我国可明显地分出南方、北方或东部沿海、中部、西部内陆区等亚文化群。不同地区的生活习惯有所差异,消费行为自然不同。 在进行汽车消费时,有些人可能很挑剔,认为我既然花了钱,你就要将我的车修好,有一点瑕疵也不行;另外一类人可能就不那么斤斤计较。这就对车身维修提出了不同的质量要求

第二节　汽车消费的不同动机

动机是推动人们从事某种行为、达到某种目的、满足某些需要的意图、愿望和信念。行为是动机的外在表现。

引起动机的内在条件是需要,外在条件是诱因。所以,消费者的用车动机必然直接或间接地表现在汽车的购买、维修活动当中。

一、汽车消费的常见动机

汽车消费的常见动机,见表1-5。

第一章　汽车维修用户消费心理及行为特征

汽车消费的常见动机　　　　　　　　　　　　　表1-5

求实动机	讲究"实惠""实用"，以汽车的使用价值作为购买动机。 这类消费者特别重视汽车的质量、性能和实际效用，讲究一分钱一分货，而对所谓的汽车个性化、外观造型、款式、色彩、品牌、装饰等并不是特别强调。 收入不高的客户多持此种动机
求新动机	追求"时髦""奇特"，以汽车的新潮、时尚、新颖、奇特为导向的购买、使用动机。 这类消费者特别注重汽车的款式、颜色、造型、装饰等是否流行，相对而言，对汽车的耐用性、价格等并不十分在意。 这种消费行为在收入水平较高的群体以及经济条件较好的青年消费者较为常见
求名动机	以追求高档、名牌为主要特征，几乎不考虑汽车的价格和使用价值，期望通过高档名牌显示或提高自己的身份和地位，以得到心理上的满足。这类消费者一般不会到快修店去修车。 这类客户一般具有相当的经济实力和一定的社会地位
求廉动机	以追求汽车的价格低廉为导向。在求廉动机支配下，选购、维修汽车时，客户最注重的是价格，而对汽车的颜色、款式、内饰等不太计较，对降价、折让等促销活动则怀有较浓厚的兴趣，喜欢在促销时接受购买、维修服务，并且特别注重厂家的赠品
攀比动机	购买、维修汽车时自觉不自觉地与他人进行比较，以争强好胜、不甘居人后为主要消费特征。 这类客户购车、用车时不是出于对汽车的了解，而是为了与别人比较，向别人炫耀。其购买行为具有较大的盲目性，容易接受改装、装饰服务
嗜好动机	以满足个人兴趣、爱好为导向的购买、维修动机。在嗜好动机驱使下，对某品牌的汽车、某特定维修项目表现出特别大的兴趣，从而成为这类汽车或项目的消费者。 这类客户的消费行为取决于个人的嗜好，一般不受别人或广告的影响
模仿动机	在选择汽车消费时，往往会自觉不自觉地模仿他人，形成原因多种多样，或仰慕名人，或缺乏主见，或对汽车不了解。 持模仿动机的消费者，其购买、维修行为比较容易受他人的影响。所以，对于知名的汽车维修企业，应特别宣传曾经为某位知名人物服务过，可能就会成为这类消费者选择的缘由

二、客户汽车消费动机的差异

消费者由于收入、观念、年龄、性别、职业、兴趣、爱好等方面的差异，对汽车的消费需求自然也就不会相同。

下面以性别和年龄为例，简要说明一下不同消费者的汽车消费动机。

1. 不同性别客户汽车消费动机的差异

1）男性客户汽车消费的特点

男性客户汽车消费的特点，见表1-6。

男性消费者的特点 表1-6

	动机形成迅速,自信心强。 男性客户独立性和自尊心相对较强,善于控制情绪,考虑问题时能理性、冷静地权衡利弊,受他人影响较少。 一旦产生消费动机,就会很快形成决策
	汽车消费具有被动性。 一般地,男性客户对汽车的消费动机不像女性消费者那么强烈,不会为一小块漆皮的脱落而专门去修理厂维修,消费盲从性较少
	汽车消费感情色彩淡薄。 男性客户在消费汽车时,主要考虑车的性能、质量、品牌、使用效果、售价、保修期限,属于理性消费者。 男性客户认为自己的特征是粗犷有力,消费汽车时,往往对具有明显女性特征的车辆、项目(如过分华丽的内饰)不感兴趣

2)女性客户汽车消费的特点

俗话说:谁吸引住了女性客户,谁就逮住了赚钱的机会。

在汽车维修过程中,接待人员应充分重视女性消费者,掌握她们的消费动机,挖掘她们的消费市场,大力推荐利润较高的装饰项目。

女性消费者汽车消费时的特点,见表1-7。

女性消费者的特点 表1-7

	追求时尚。"爱美之心,人皆有之",对于女性消费者来说,更是如此。 女性客户在进行汽车消费时,首先想到的就是车辆能否增加自己的形象美,使自己显得更加年轻和富有魅力
	追求外观。女性消费者非常注重汽车的外观式样,将外观与质量、价格当成同样重要的因素来看待。 在接待女性客户的维修任务时,一定要将车漆喷涂好、内饰整理好
	消费动机主动灵活。女性购车原因是多方面的,或客观需要,或爱好消遣,或基于炫耀等。消费动机具有较强的主动性、灵活性。 在为她们做装饰服务时,要做好随时改变主意的打算,一定事先签好维修合同
	消费动机带有浓厚的感情色彩。女性消费者具有比较强烈的情感特征。 在女性消费者特别是年轻女性看来,汽车不仅是代步工具,而且是一个温馨的家,所以对车的式样、外观、颜色、内饰等的期望值比男性更高。 女性的感情比较丰富、细腻,富于幻想、联想,比较容易跟他人攀比,也比较容易受广告宣传、促销活动、销售人员服务、4S店的布置、周围朋友意见等的影响
	喜欢炫耀,自尊心强。 许多女性消费者之所以购买汽车,除了满足代步需求外,还可能是为了显示自己的社会地位和财富,向别人炫耀自己的与众不同。在这种心理的驱使下,她们会追求中高档汽车、与众不同的装饰等,而不会考虑是否真正适合自己的需要

第一章 汽车维修用户消费心理及行为特征

2. 不同年龄段客户汽车消费动机的差异

不同年龄段的客户,对汽车消费的动机各有不同,见表1-8。

不同年龄段消费差异　　　　　　　　　　表1-8

青年客户汽车消费的动机 	追求时尚,追赶潮流。青年人热情奔放、思想活跃、富于幻想、喜欢冒险、感觉敏锐、追求刺激、标新立异,容易于接受新生事物,愿意尝试新的生活,喜欢追赶时代潮流。他们的汽车消费行为趋于求新求美
	张扬个性,表现自我。今天的青年消费者,生活在改革开放的年代,自我意识明显。 在汽车消费方面,希望自己的爱车能够表现个性与追求,不落俗套,对于大众化的汽车消费项目不屑一顾
	即兴消费,冲动购买。 一方面表现出青年人的果断迅速、反应灵敏;另一方面也由于青年人的人生阅历较浅,思想感情、兴趣爱好、个性特征处在由不稳定向稳定时期的过渡,对事物的分析判断能力还没有完全成熟,容易感情用事,甚至产生冲动行为,容易出现吃"后悔药"的现象。 因此,他们的汽车消费行为具有明显的冲动性特征
	很多青年人购买汽车之后,最初一段时间感觉新奇,对新车爱不释手、细心维护。经过一段时间后,新鲜感渐渐褪去,开始对自己所购买的汽车失去兴趣,转而对其他车型产生兴趣,开始盘算如何将手中的车卖掉,置换一款自己更中意的新车。 在二手车交易中,由于青年人的喜新厌旧而淘汰的"旧车",占有相当大的比例
中老年客户汽车消费的动机 	注重品牌,强调安全。 中老年消费者在长期的社会生活中,对于曾经接触或使用过的汽车品牌及维修商,印象深刻,而且非常相信自己的感觉,属于忠诚度较高的客户群体
	理性消费,不求时尚。 中老年客户生活经验丰富,情绪反应比较平稳,很少感情用事,大多会以理智来支配自己的行为,消费心理比较成熟,购车、维修时比较注重车内在的质量和性能,不会像年轻人那样冲动
	精打细算,注重服务。 与青年人相比,中老年客户更加注重汽车的售后服务,倾向于到4S店去购买、维修。在车型、维修项目的选择方面,更加追求实惠,按照自己的实际需求量入为出地消费,对质量、价格等都会详细了解
	自我主见,不受蛊惑。 中老年消费者相信自己的经验,比较有主见,不会人云亦云,对于商家广告和别人介绍,能进行理性分析,然后决定是否购买。 汽车营销、维修接待人员在对他们进行推销或进行业务介绍时,不要一味地向他们推荐,以防引起他们的"反感",要做一个忠实的聆听者,尊重和听取他们的意见,对他们"动之以情、晓之以理",促成交易
	德高望重,影响较大。 对于中老年消费者的上述消费特征,许多汽车维修厂家可能感觉在他们身上难以获得太大的利润,因而不愿努力开发。 岂不知,由于拥有广泛的社会阅历,较大的社会影响力,他们的感受会在其周围产生较大的影响,对别人的消费行为产生明显的影响

第三节 客户消费行为模式

一、典型消费者购买行为模式

典型消费者购买行为模式,见表1-9。

典型消费者购买行为模式　　　　　表1-9

种　　类	购买行为分析
购买决策的一般模式 S-O-R（Stimulus-Organism-Response），即"刺激—个体生理、心理—反应"	该模式表明消费者的购买行为是由刺激引起的,这种刺激来自于消费者自身的生理、心理因素和外部环境 消费者在各种因素的刺激下,产生购买动机。 在购买动机的驱使下,做出购买决策,实施购买行为。 购买后还会对所购商品、购买渠道、生产厂家、售后服务等做出评价,这样就完成了一次完整的购买行为
科特勒行为选择模式	菲利普·科特勒提出了强调社会两方面消费行为的模式 该模式说明消费者购买行为的反应不仅要受营销的影响,还要受外部因素的影响。 不同特征的消费者会产生不同的心理活动过程,通过消费者的决策过程,导致了一定的购买决定,最终形成了消费者对产品、品牌、经销商、购买时机、购买数量的选择
尼科西亚模式	尼科西亚1966年在《消费者决策程序》一书中提出消费者购买决策模式由四部分组成: (1)从信息源到消费者态度,包括企业和消费者两方面的态度; (2)消费者对商品进行调查和评价,并且形成购买动机的输出; (3)消费者采取有效的决策行为; (4)消费者购买行动的结果被大脑记忆、储存起来,供消费者以后购买时参考或反馈给企业
恩格尔模式	该模式是由恩格尔、科特拉和克莱布威尔在1968年提出的,又称EBK模式,其重点是从购买决策过程去分析。整个模式分四部分: (1)中枢控制系统,即消费者的心理活动过程; (2)信息加工; (3)决策过程; (4)环境
	恩格尔模式认为,外界信息在有形和无形因素的作用下,输入中枢控制系统,即对大脑引起、发现、注意、理解、记忆与大脑存储的个人经验、评价标准、态度、个性等进行过滤加工,构成了信息处理程序,并在内心进行研究评估选择,对外部探索即选择评估,产生了决策方案。 在整个决策、研究评估、选择过程中,同样要受环境因素,如收入、文化、家庭、社会阶层等的影响,最后产生购买过程,并对购买的商品进行消费体验,得出满意与否的结论。 此结论通过反馈进入中枢控制系统,形成信息与经验,影响未来的购买行为

二、汽车消费者购买行为的6W2H

消费者消费汽车的过程基本上可以分为三个阶段:购前、购中、购后。

作为一名汽车营销、维修接待人员,如果能够将反映消费者购买行为的6W2H熟练掌握,就可以分析出消费者购买行为的规律及变化趋势,以便制订和实施相应的营销策略。

所谓的6W2H,即:Who、What、Which、Why、When、Where、How、How much,见表1-10。

6W2H 内容及分析　　　　　　　　　　　　　　　　　　表1-10

6W2H 内容	6W2H 分析
Who	区域市场由谁构成? 谁是你的竞争者? 谁做得最好? 谁做得不好? 谁需要? 谁参与购买? 谁决定购买? 谁使用所购产品? 谁是购买的发起者? 谁影响购买
	作为汽车营销、维修接待人员,既要了解市场,又要熟悉对手,还要知道潜在的客户在哪里,谁有购买决策权等
What	客户追求什么? 客户需求什么? 对客户最有吸引力的产品是什么? 满足客户购买愿望的效用是什么? 客户追求的利益是什么? 客户购买什么品牌或型号的汽车
	作为汽车营销、维修接待人员,必须了解客户内心的真实想法,知道他所追求的目标到底是什么: 安全? 操控性? 经济性? 客户看中产品的哪些方面? 还有哪些问题导致客户不能下定决心
Which	客户准备购买哪种型号的汽车产品? 客户会接受哪些项目的维修服务? 在多家经销商、维修商中,客户会到哪家接受服务? 在多个品牌中,客户会购买哪个品牌的产品? 购买著名品牌还是非著名品牌的产品? 在有多种替代品的产品中,客户会决定购买哪种

续上表

6W2H 内容	6W2H 分析
Why	为什么要进行汽车消费？ 为什么喜欢这个品牌？ 为什么喜欢这个型号？ 为什么讨厌我们的服务？ 为什么不愿购买？ 为什么买这不买那？ 为什么选择到本公司消费而不到竞争对手处？ 为什么选择到竞争对手处消费而不是本店？ ……
When	客户何时产生需求？ 准备何时购买？ 什么季节购买？ 何时需要？ 何时使用？ 曾经何时购买过？ 何时重复购买？ 何时换代购买？ 客户需求何时发生变化？ 客户何时过生日？ 何时可以促成交易？ ……
Where	客户在哪里上班？ 家住哪个小区？ 上班习惯走哪条路？ 配偶在哪里上班？ 孩子在哪里上学？ 喜欢到哪家 4S 店维修？ 喜欢到哪里维修？ ……
How	如何购买？ 如何决定购买行为？ 以什么方式购买？ 消费者对产品及其广告如何反应？ 消费者对这个品牌的汽车质量、维修服务如何评价？ 如何服务才能满足客户的需要？ 如何与客户进行沟通？ 如何提高用户的满意度？ ……

续上表

6W2H 内容	6W2H 分 析
How much	消费者家庭收入是多少？ 计划购买什么价位的汽车？ 客户的每月娱乐花费是多少？ 年支配资金是多少？ 每月驾车出游多少次？ 什么价位的车畅销？ 市场占有率多高？ 一般喜欢接受什么样的维修服务？ ……

第四节　不同群体汽车维修心理分析

不同的客户，在进行汽车维修消费时，心理特征也不尽相同。作为一名汽车维修接待人员，要了解不同客户的维修心理，并根据客户预期尽量满足其消费需求，使客户"乘兴而来，满意而归"。

根据我国目前汽车的使用情况，客户大致可以分为以下几类：私家车客户、营运车辆客户、公务用车客户等。

一、私家车主维修心理

我国属于发展中国家，居民的人均收入水平及购买力水平相对较低，仍然处于较低购买力水平的阶段，所购买的汽车大多以中低档的乘用车为主。

但是，我国地域广阔、人口众多，各地经济发展水平不尽相同，居民的消费理念也相差甚远。因此，虽然汽车，尤其是较高档次的汽车人均拥有率未必很高，但在部分地区其绝对数却可能是一个非常可观的数据。

对于中国的绝大多数家庭来说，汽车均属于家庭中的高档耐用消费品。私家车主对于自己的汽车相当爱惜，当出现问题需要维修时，都会比较着急。但是，基于车主的性格、收入、对汽车的依赖程度等因素的不同，进行维修时也会有不同的选择倾向，见表1-11。

私家车主维修心理分析　　　　表1-11

车 主 类 型	车主心理分析
家庭经济状况较好	家庭汽车一般属于中高档次，汽车既是其代步工具，也是其身份的象征
	出现故障时一般会选择到正规的4S店维修
	选择维修地点时，主要考虑维修质量，要求装用原厂配件，要求采用规范的维修作业流程。只要来一次维修店，就希望将已经呈现出来的故障、尚未呈现出来的隐患统统解决，对于维修价格则不太在乎

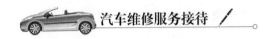

续上表

车主类型	车主心理分析
家庭经济状况一般	家庭汽车一般属于中低档次,家庭汽车纯粹属于代步工具,很少考虑身份地位的象征成分 汽车出现故障时,如果不是在保修期内或者由保险公司承担责任,而是需要自己承担修车费用时,许多人都会选择到具有价格优势的普通维修厂,甚至直接到汽配商城购件更换 对选择正宗零配件、规范维修作业流程的欲望,可能会让位于维修价格的低廉
作为基本代步工具的车主	私家车主希望维修厂能尽早修好自己的爱车。假如维修时间过长,就可能会影响到自己的正常工作与生活(如上下班、接送孩子、外出郊游等)。而维修价格、维修工艺、配件是否正宗等维修要素,可能都可以商量让步

二、营运车主维修心理

1. 营运车主定义

所谓营运就是营业性运输,也叫经营性运输,是指独立核算的运输企业,或者以运输为业的个体经营者,以运输车辆作为基本工具,以道路货物运输或旅客运输作为经营内容,以收取运费获利作为主要目的的道路运输活动。

参与营运活动的车辆就是营运车辆,拥有营运车辆的车主就是营运车主。

道路运输经营,包括道路旅客运输经营(以下简称客运经营)和道路货物运输经营(以下简称货运经营)。

2. 货运经营要求

《中华人民共和国道路运输条例》规定:道路货物运输经营者必须拥有与其经营业务相适应并经检测合格的车辆,并且危险货物运输要用专用车辆并配备必要的通信工具,有健全的安全生产管理制度。

3. 客运经营要求

道路客运经营,是指用客车运送旅客、为社会公众提供服务、具有商业性质的道路客运活动,包括班车客运、包车客运、旅游客运。

道路客运及客运站经营者应当遵循依法经营,诚实信用,公平竞争,优质服务,以人为本、安全第一的宗旨。

国家相关部门对于客运车辆的技术要求、客车类型的等级等都有严格的规定。严禁任何单位和个人为客运经营者指定车辆维护企业。客运经营者应当依据国家有关技术规范对客运车辆进行定期维护,确保客运车辆技术状况的良好。

客运车辆的维护作业项目和程序应当按照国家标准《汽车维护、检测、诊断技术规范》(GB 18344—2016)等有关技术标准的规定执行。

客运经营者应当定期进行客运车辆的检测,车辆检测结合车辆定期审验一并进行。

客运经营者应在规定时间内,到符合国家相关标准的机动车综合性能检测机构进行检测。客运车辆技术等级分为一级、二级和三级。

4. 营运车辆的检测要求

机动车综合性能检测机构,应按照国家标准《道路运输车辆综合性能要求和检验方法》

（GB 18565—2016）和《汽车、挂车及汽车列车外廓尺寸、轴荷和质量限值》（GB 1589—2016）的规定进行检测，出具全国统一式样的检测报告，并依据检测结果，对照行业标准《道路运输车辆技术等级划分和评定要求》（JT/T 198—2016）进行车辆技术等级的评定。

机动车综合性能检测机构，应当使用符合国家和行业标准的设施、设备，严格按照营运车辆技术检测标准对客运车辆进行检测，如实出具车辆检测报告，并建立车辆检测档案。

5. 营运车主维修心理

营运车主维修自己的车辆时所具有的心态，见表1-12。

营运车主维修心理分析　　　　　　　　　　　表1-12

从事客运的车主	他们需要正点开车接送旅客，一旦错过了时机，不仅会损失客运收入，而且还会面临客运管理部门的处罚，因此，对于维修时间的要求是第一要素，尤其是在节假日，必须确保能够按时出车
	由于他们运送的是旅客，人命关天、安全第一，所以，他们在维修车辆时，一般会选择正规的、有资质的维修企业。他们非常重视汽车的维修质量
	目前我国客运车辆的属性，绝大多数属于挂靠（真正的车主其实是个人），维修成本由个人承担，维修价格也是需要重点考虑的一个因素
从事货运的车主	车辆运输的主要是各种货物（包括危险品），对车辆的要求主要是安全、耐用、效率，而对车辆的舒适性则要求较低
	日常维修时，可以选择便利、高效、价格公道的维修厂
	大修时，则一般会到具有较高资质的正规维修厂去接受维修服务

三、公务车用户维修心理特征

公务用车（包括党政机关、企事业单位等）是指因工作需要，由单位支付购置、运行、维修经费的车辆，包括单位领导用车、代表单位履行公务活动用车以及参加其他活动时单位派出的车辆。

一般来说，各单位都规定了公务用车的保险、维修、加油的定点供应商（或维修商），明确了保险公司、维修单位、供油单位、使用单位等相关部门的职责。同时，与定点供应商（或维修商）联网，实时跟踪与监控，以便堵塞公务用车管理中的漏洞，公务车用户维修心理，见表1-13。

公务车用户维修心理分析　　　　　　　　　　　表1-13

特点	因公派车，而公事是不能耽搁的
	所有费用由单位支付
	公务用车对于维修费用的在意程度相对较低
	主要考虑的是车辆的维修质量、外观整洁、维修及时等
维修选择注意事项	一般会选择到正规的4S店或特约维修站，对于零配件的选择则以质量作为首选要素
	实际操作中，部分公务用车的管理人员与维修厂人员有可能相互勾结，偷梁换柱，采用副厂配件，却按正规配件结账现象

复习思考题

1. 汽车消费行为受哪些因素的影响?
2. 男女消费者在汽车消费时,分别有什么特点?
3. 什么是汽车消费者购买行为的6W2H?
4. 私家车主的维修预期是什么?
5. 营运车主的维修预期是什么?
6. 公务车用户的维修预期是什么?

汽车维修用户行为特征工作页

面对独自来店维修的车主(私家/公车、男/女等),设计一套维修接待与服务应对方案(学员之间可以按照各种情况进行模拟演练)。

教师布置日期:　　年　　月　　日　　　　　　　　个人完成时间:　　　(分钟)

问题:	任务:
随着私家车的增多,越来越多的上班族成了自驾一族。既然开车,就总免不了要去4S店或维修厂进行维修。作为一名汽车维修接待人员,你应该如何接待年轻的(年长的)女性(男性)私家车主。	学会接待维修客户,包括礼貌用语、听客户介绍故障现象、简单判断故障原因、接待记录等。
接待要点:	

工作步骤	注意事项
1.我该如何着装?	
2.客户到来,我是否需要上前迎接?	

续上表

工 作 步 骤	注 意 事 项
3. 应该以什么样的语言问候客户？	
4. 客户车辆是否属于预约维修车辆或返修车辆？两者有何区别？	
5. 是否需要自我介绍？	
6. 是否要传达"我是您的服务顾问"的服务理念？	
7. 如何询问客户的维修需求？如何倾听客户的陈述？	
8. 是否需要确认客户的维修需求？如何确认？	
9. 如何在接车单上记录待修内容？	

续上表

工 作 步 骤	注 意 事 项
10. 询问客户是否有其他需求？如何询问？	
11. 是否当着客户的面安装三件套？	
12. 如何进行车况检查？	
13. 客户往往会自己进行初步判断，或者不经意说出自己的诊断情况，应如何看待？特别是在客户诊断错误的情况下，应如何处理？	
14. 应收集哪些资料？	
15. 如果客户自带配件，该如何做？拒绝还是接受？客户自带配件质量如何？是否影响维修质量？	
16. 如何登记随车物品？车上的贵重物品应如何处理？	
17. 安排客户回去等候还是到客户休息区？	

接待纪要：

第二章　汽车维修业务知识

 学习目标

通过本章的学习,你应能:
1. 熟悉汽车维修的指导思想、汽车维修的质量保证体系等;
2. 了解汽车维修制度,掌握汽车维修流程、汽车维修核价方法等。

第一节　汽车的维护与修理

一、系统维修性的基本概念

对于可维修的系统,如汽车,评价它的使用性能时,不仅要研究系统结构,建立相应的系统可靠度函数方程,估计它从开始工作到发生故障这一时段的可靠程度和工作寿命,而且还要研究其一旦发生故障是否可以在较短时间内经过修理,恢复到原来工作状况。

(1) 维修性。维修性是某一系统(或产品)在预定维修级别上,由具有规定技术水平的人员,利用规定程序和资源进行维修时,保持或恢复到规定状况能力的度量。

(2) 维修度。维修度是指系统(或产品)在规定条件下进行维修时,在规定时间内,保持或恢复到规定状态的概率。

维修时间是影响维修性的一个重要因素,它受许多因素的影响,主要取决于维修对象状况、维修人员水平、现有维修设备及工作条件等。

(3) 系统可维修性及维修时间评价指标:

①平均修复时间。它是指修复时间的平均值。可修系统是正常工作与失效交替出现的系统。正常工作时称为工作时间,失效时(包括维护、修理而停工的状态)称为维修时间。

②维修时间。一定维修度对应一定的维修时间,用 t_m 表示维修度 M 下相应的修复时间。可以求得:

$M=0.9$ 时的 $t_{0.9}$,称 $t_{0.9}$ 为最大修复时间;

$t_{0.5}$ 与 $M=0.5$ 相对应,称 $t_{0.5}$ 为中位修复时间。

二、汽车维修指导思想

汽车是一种价值较高的机械产品,在长期使用过程中,由于技术状况的变化,不可避免地要发生故障和损坏。汽车维护的基本任务就是采用相应的技术措施预防故障的发生,避免损坏;汽车修理的基本任务就是消除故障和损坏,恢复车辆的工作能力和完好状况。

1. 汽车技术状况的变化规律

汽车技术状况的变化规律是指汽车技术状况与行驶里程或时间的关系,研究和掌握汽车技术状况的变化规律,是控制汽车技术状况、完善汽车结构的重要手段。

汽车在使用过程中,由于结构和使用条件的不同,其技术状况会以不同规律和不同强度发生变化,其变化规律可以归纳为两大类:渐发性和突发性。渐发性即表示汽车技术状况的参数随行驶里程或时间作单调变化,可用一定的回归函数式表示其变化规律;突发性即表示汽车、总成和零部件达到极限状态的时间是随机的、偶发的。

2. 汽车维修指导思想

汽车维修指导思想是指组织实施车辆维修工作的指导方针和政策,是人们对汽车维修目的、维修对象、维修活动的总认识。

正确的维修指导思想是客观规律的正确反映,它将直接影响维修活动。只有正确的维修指导思想,才能产生正确的维修方针和政策,才能采用先进的维修手段和维修方法,制订出合理的维修制度和选择适宜的维修方式。

1)预防为主的维修指导思想

预防为主的维修指导思想,是指根据汽车技术状况变化的规律,在发生故障前提前进行维护或修理,以防止故障发生。预防为主的维修指导思想是建立在零部件失效理论和失效规律的基础之上的。所以对由于零件耗损引起的渐发性损坏可以起到预防作用,而对突发性损坏起不到预防作用。

2)以可靠性为中心的维修指导思想

随着汽车性能及功能的进一步发展,汽车的复杂程度也越来越高,其本身价值及维修费用在使用费用中所占比重也越来越高,这就迫切需要一种新的维修方法,能够以最佳的经济效益来实现汽车最大的可靠度。于是,以可靠性为中心的维修指导思想便开始应用于汽车维修领域。以可靠性为中心的维修指导思想,是以最低的消耗,充分利用汽车的固有可靠性来组织维修,它是以可靠性理论为基础,通过对影响可靠性因素的具体分析和试验,科学地制订出维修作业内容、维修时机,以控制汽车的使用可靠性。以可靠性为中心的维修指导思想,归纳起来有以下几点:

(1)汽车的使用可靠性取决于汽车本身的固有可靠性及汽车的使用、维修技术水平,并与汽车的使用条件有关。正确的使用和维护,只能保持和恢复汽车的固有可靠性水平,不适当地强化维修工作(如增加维修次数、增加维修项目)并不能有效防止可靠性水平的下降。汽车固有可靠性的提高应基于必要的使用数据的信息反馈,去修改原有的设计和工艺。

(2)维修的作用,在于通过对影响可靠性的诸因素进行分析,从而控制可靠性的下降,以保持汽车的使用可靠性在允许水平之内。

(3)以可靠性为中心的维修,强调了诊断检测,加强了维修中的"按需维修"成分,它根据不同零部件、不同可靠性及不同故障后果,选用不同的维修方式,避免了采用单一维修方式所造成的预防内容扩大、维修针对性差、维修费用增大等缺点。例如,如果汽车的故障有可能影响安全性或造成严重后果,就必须尽力防止其发生;如果故障几乎不产生其他影响,那么就可以除了日常清洁、润滑外,对它不采取任何预防措施。

（4）以可靠性为中心的维修，要求建立一套完整的故障采集和分析系统，不断采集和分析使用数据，为建立科学的、经济的、符合汽车使用实际的维修制度提供依据。

三、汽车维修制度

1. 历史沿革

新中国成立初期，我国的汽车维修制度以学习苏联为主。

1954 年交通部颁布《汽车运输企业技术标准与技术经济定额》（红皮书），明确规定了当时的汽车维修制度为强制预防性维修制度。其中规定汽车保修分为例行保养、一级保养、二级保养；将汽车修理分为小修、中修和大修。

此后，我国参考国外经验，并结合我国国情，于 1962 年对该红皮书进行了较大修改，分别制定出《汽车运输企业技术管理制度》和《汽车运用技术规范》。

1965 年，将汽车维护改为例行保养、一级保养、二级保养和三级保养，同时取消了中修。增加的三级保养作业，中心内容为总成解体、清洗、调整、消除隐患，并增加了部分修理内容。

20 世纪 70 年代末 80 年代初，我国又对红皮书进行了修改，制定出《汽车运输与维修企业技术管理制度》和《汽车修理技术标准》。

在当时条件下，这些制度都对我国的汽车维修制度及维修工作开展起到了积极的推动作用。随着汽车技术和不解体检测技术的发展，以及人们对汽车技术状况变化规律认识水平的提高，老的维修制度已经严重制约了我国汽车维修技术的发展。1990 年，交通部为适应汽车维修的部门管理向行业管理转变，根据国家有关设备管理的规定和政策，结合我国汽车运输的实际情况和新中国成立以来的管理经验，吸取国内外技术管理的成果，制定了《汽车运输业技术管理规定》。规定我国的维修制度，属于计划预防性维修制度，规定车辆维修必须贯彻预防为主、定期检测、强制维护、视情修理的原则。

2. 汽车维护

车辆的维护作业的内容为：清洁、检查、补给、润滑、紧固、调整等，除主要总成发生故障必须解体时，不得随意对车辆进行解体。并将维护分为三级，分别为：日常维护、一级维护和二级维护。

日常维护为日常性作业，由驾驶人负责执行，作业内容是：清洁、补给和安全检视。

一级维护属于定期强制性维护作业，由专业修理工负责执行，作业内容除日常维护作业项目外，以清洁、润滑、紧固为主，并检查有关制动、操纵等安全部件。

二级维护属于定期强制性维护作业，由专业修理工负责执行，作业内容除一级维护作业项目外，以检查、调整为中心，并拆检轮胎，进行轮胎换位。同时车辆二级维护前应进行检测诊断和技术评定，根据结果，确定附加作业或小修项目，结合二级维护一并进行。

3. 汽车修理

汽车修理分为汽车大修、总成大修、车辆小修和零件修理四类。

汽车大修是指新车或大修后的车辆，在行驶一定里程（或时间）后经过检测诊断和技术鉴定，用修理或更换汽车任何零部件的方法恢复车辆完好技术状况和工作能力，完全或接近完全恢复车辆寿命的恢复性修理。

总成大修是指车辆的总成经过一定行驶里程（或时间）后，用修理或更换总成任何零部件(包括基础件)的方法,恢复其完好技术状况和寿命的恢复性修理。

车辆小修是指用修理或更换汽车个别零部件的方法,保证或者恢复车辆工作能力的运行性修理。

零件修理(包括旧件修复)是指对因磨损、变形、损伤而不能继续使用的零件的修复,以恢复其使用性能。零件修理,应考虑到有修复价值和符合经济的原则。

第二节 汽车维修流程

一、汽车维修工作流程

汽车维修工作的流程如图 2-1 所示。

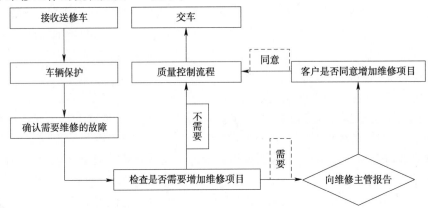

图 2-1 汽车维修工作流程

二、汽车的接收与检测

汽车整车或总成维修时,应符合送修规定,并经检测、诊断、鉴定其技术状况,确定维修作业的范围和深度,然后办理交接手续,并签订维修合同。

(一)送修规定

(1)车辆和总成送修时,承修单位与送修单位应签订合同,商定送修要求、修理车日和质量保证等。合同签订后必须严格执行。

(2)整车送修时,应具备行驶功能,装备齐全,不得拆换。

(3)总成送修时,应在装合状态,附件、零件均不得拆换和短缺。

(4)肇事车辆或因特殊原因不能行驶和短缺零部件的车辆,在签订合同时,应作出相应规定和说明。

(5)整车或总成送修时,应将有关技术档案一并移送承修单位。

(二)检测诊断与技术鉴定

所谓检测诊断与技术鉴(评)定,就是指对车辆在不解体情况下,通过仪器设备和人工进行检测诊断,并通过了解驾驶人、查阅车辆技术档案以及使用情况,对车辆技术状况进行综合评定,并确定汽车维修范围和维修的深度。

(1) 调查汽车使用情况。通过对驾驶人或送修人员的咨询,以及查阅车辆技术档案,了解汽车的使用情况和维修历史,这样有利于准确地对车辆进行鉴定评价,也有利于快速诊断汽车故障。

(2) 利用设备检测诊断。为实施视情修理和强制维护制度,在车辆大修或二级维护前必须进行不解体检测。主要检测内容包括:汽车动力性、安全性、经济性、噪声和排放等。

通过检测诊断,确定汽车的技术状况,并诊断汽车故障。除性能检测外,汽车维修还必须用专用诊断设备对汽车进行故障诊断,如电脑检测仪器和其他诊断仪器。

1. 解码器检测

解码器检测是汽车电控系统故障最常用诊断方法。解码器可以读取各个系统的故障代码、数据流和信号波形,可以快速准确的诊断出故障部位。将解码器连接在汽车诊断接口上,即可按照菜单进行操作。

2. 侧滑检测

如果车轮定位不正确,那么在行驶过程中车轮将出现侧滑。车轮侧滑量过大时,会出现转向沉重,自动回正作用减弱,方向明显跑偏,车头摇摆(车速50km/h以上时)等不良迹象,使汽车的行驶稳定性变差;侧滑量过大时行驶阻力随之增大,汽车油耗增加;增加轮胎的磨损,引起轮胎锯齿性磨损。根据对侧滑量与轮胎磨损关系的定量分析,轮胎的磨损速度与侧滑量成正比。在通过对1万辆车次的检测情况进行分析,有70%的车辆侧滑量不合格。其中80%的车辆前轮严重磨损,胎面成平板状,胎肩呈锯齿形。

3. 四轮定位检测

四轮定位的作用是使汽车保持稳定的直线行驶和转向轻便,并减少汽车在行驶中轮胎和转向零件的磨损。当汽车行驶一定里程后,各部位零件都有所磨损和变形。特别是悬架机构,由于长时间受来自地面和零件之间的摩擦,加上在各种不同路况下行驶,甚至受到来自外力的撞击,很容易对部件造成磨损变形,从而改变了车轮原厂的设计角度,降低了汽车性能。做四轮定位检测就是通过四轮定位仪检测,检测出被测车辆的各轮倾角和束值是否符合原厂标准,如不符合,可做随机调整。

四轮定位仪可以检测前轮前束、前轮外倾角、主销后倾角、主销内倾角、后轮前束、后轮外倾角、推力角等常规测量参数,很多四轮定位仪还可以检测前轮退缩角、后轮退缩角、轴距差、轮距差、左侧横向偏位、右侧横向偏位、轴偏位等附加测量参数。

4. 制动性能检测

评价制动效能的指标有制动距离、制动减速度、制动时间和制动力等。当前在汽车维修检测中最常用的检测方法是检测车轮制动力。制动力的变化表征了减速度的变化特性,从而间接反映制动距离的变化。可见,制动力是使汽车强制减速以致停车的最本质因素,它能全面地评价汽车的制动性能。用制动力来评价汽车的制动性能,不仅可规定整车制动力的大小,而且可对前后轴制动力的合理分配及每轴左右轮的制动力平衡提出要求,从而保证汽车各个车轮制动良好,并且使各个车轮的附着重量得到合理的发挥。

5. 汽车尾气检测

汽车排放污染物是指汽车排放物中污染环境的各种物质,主要有一氧化碳(CO)、碳氢化合物（HC）、氮氧化物（NO$_X$）与微粒物（PM）。汽油机污染物主要是 CO、HC、NO$_X$。柴油机污染物主要是 NO$_X$、微粒物（PM）。汽车排放污染物主要通过汽车尾气排放、燃料蒸发、曲轴箱窜气三个途径进入大气中，造成对大气的污染。

6. 汽车前照灯的检测

汽车前照灯的检测主要包括光束发光强度、光束照射位置和配光特性等。

7. 汽车车速表检测

车速表经过长期使用，由于传动齿轮、软轴及车速表本身技术状况的变化以及因轮胎磨损使驱动车轮滚动半径的变化，车速表指示误差会越来越大。如果车速表的指示误差过大，驾驶人就难以得到准确的车速，因而容易造成交通事故。为确保车速表的指示精度，必须适时对车速表进行检测、校正。

8. 车轮平衡检测

车轮平衡指的是车轮转动过程中不产生任何力矩的现象。

不平衡的车轮不仅加剧其本身的磨损，而且也必然殃及转向系、行驶系和传动系，同时也是整车振动的激振源。车轮的平衡与否与汽车的平顺性、操稳性、安全性息息相关，这已成为人们的共识。车轮平衡检测在车轮平衡机上进行。

（三）人工检查诊断

（1）车辆外观检查。检查车辆装备是否齐全；外观是否整洁；有无零件破裂、渗漏、变形等；检查悬架机构是否有变形；轮胎磨损是否正常。

（2）道路试验检查。主要检查发动机运转是否正常、仪表显示是否正常、汽车起步情况、行驶是否平稳、行驶中是否有异响和抖振、换挡是否正常、汽车是否跑偏、转向和制动等操纵机构工作是否正常等。

在人工诊断时要注意模拟驾驶人反映的故障发生情况，诱发故障发生。

（四）技术鉴定或评定

通过以上检查，最后由专业技术人员填写车辆技术档案，商定送修要求、修理车日和质量保证，签订维修合同。

三、汽车维修的作业要求

1. 车辆的保护

（1）车辆进入维修车间，在交付维修技师进行维修前，需要确认：转向盘、前排座椅、变速器操纵手柄、驻车制动器操纵手柄是否已经套了保护罩，汽车前排是否在左右分别放置了脚垫。

（2）在维修过程中，如果需要打开发动机舱进行维修或检查，一定要在发动机舱盖的前、左、右三面放置保护罩，以免划伤车身油漆。

2. 维修作业

（1）维修技师按照《汽车维护检查项目表》的要求以及《汽车维修估价单》的指示内容，进行汽车的维护或修复作业，以保持汽车的正常状况、恢复汽车的原有性能。

(2)检查是否需要追加维修项目。如需要追加,告知维修接待,与客户联系、确认。

(3)如果需要使用液压千斤顶,必须做好相关的安全防护工作。

(4)如果需要拆卸内饰,必须保持双手清洁,以免脏污了内饰。

(5)维修过程中,假如需要拆卸蓄电池,应该在维修作业完工之后,将时钟等需要恢复的电子设备恢复。

(6)维修作业过程中,如有泥土、水、油液等落在地面,应该及时清理干净。

(7)维修作业完成后,检查并记录《汽车维护检查项目表》《汽车维修估价单》《汽车维修追加项目单》所列的每一项维修作业是否按照要求完成。

四、维修追加项目

如果在汽车维修过程中发现还有其他损坏,需要追加维修项目时,应该注意适当的策略,按照合理的程序进行。

(1)如果发现有需要追加的项目,维修技师要立即停止维修工作,向维修主管汇报。同时加强诊断,确认全部需要追加的项目、准备好相关的证据、预估好追加的费用、测算出可以交车的时间、想清楚解释的理由。

(2)维修主管通知维修接待,马上与客户联系,征求其意见,是否同意追加维修项目。

(3)将检查、诊断结果向客户说明。将需要追加维修的项目内容、所换零件、维修费用、交车时间进行详细说明。说服客户时需采用一定的技巧:

①说明所存在问题的严重性。

②判断客户听到要求追加维修项目后的反应。

③如果问题涉及的专业性很强,建议客户来店,由维修技师当面说明。

④假如追加项目所涉及的价格很高,要做好客户会暂时搁置或者给客户优惠工时费的打算。

⑤如果客户询问是否必须现在就进行处理,应该视情回答:假如所涉及的项目直接相关行车安全,建议客户一定追加维修,并说明重要程度;假如所涉及的项目与行车安全关系不大,可以同意客户下次再做,但说明假如这次一起做了,由于在维修程序上是多个项目合并进行,可以节省维修费用。

(4)得到客户同意后,填写《汽车维修追加项目单》。

(5)请客户确认《汽车维修追加项目单》之上的内容,并注明确认方式(现场签字、电话确认),假如是电话确认的,最好能够有录音为证,起码也应该做好电话记录。

(6)假如客户不同意追加,一方面感谢客户与你的交谈,另外一方面将检查结果、维修建议、客户决定都记录在工单上,以备将来产生纠纷时作为证据。

(7)无论客户是否同意追加维修项目,都要感谢客户与你的交谈。

(8)在没有得到客户确认之前,绝对不允许擅自追加维修项目。

第三节 汽车维修质量及保证体系

质量是产品或服务满足规定或潜在需要的特征或特性的总和。质量管理是一个组织内部各个部门在质量发展、质量保持、质量改进的努力下,结合起来的一个有效体系,以便使生产和服务达到最经济的水平,并使客户满意。质量高低是一个组织内部每个工作环节工作质量的综合表现,它渗透到每个工作的环节。

汽车维修质量是一个系统工程,它与维修工艺、维修人员技术水平、维修生产组织、维修材料和设备、维修技术资料等密切相关。

一、汽车维修质量管理机构

汽车维修企业必须建立健全与其维修类别相适应的质量管理机构。三类企业应明确由技术业务水平高的人员负责维修质量管理工作。二类维修企业应建立"质量管理领导小组",其成员由企业技术负责人、专职检验员(经过国家培训并取得"检验员证"),以及质量管理部门和其他有关负责人组成。一类汽车维修企业还应单独设置质量管理的具体办事机构——质量检验科,其他成员由专业技术人员、专职检验员及资料员等组成。

质量管理机构和人员的主要职责是:

(1)认真执行质量管理法规。

(2)贯彻执行政府颁布的有关汽车维修的技术标准以及地方标准。

(3)制订维修工艺和操作规程。

(4)依据国家标准、行业标准、地方标准的要求,制定汽车维修企业技术标准。

(5)建立健全汽车维修业户内部质量保证体系,加强质量检验,掌握质量动态,进行质量分析,推行全面质量管理。

(6)开展质量评优与奖惩工作。

二、汽车维修质量管理制度

这是提高维修质量的根本保证,维修企业必须建立健全汽车维修质量管理制度,以保证维修质量。

(1)维修检验制度。维修检验是将汽车维修标准贯彻于每个维修环节的保证,是汽车维修工作中非常重要的环节。维修检验包括汽车进厂检验、维修过程检验和竣工出厂检验。每道工序都要通过自检、互检,并做好检验记录,以备检查。

(2)原材料、外协加工及外购件进厂入库检验。配件管理是汽车维修管理中非常重要的一项工作,需要严把质量关,确保装车的每个配件质量合格,这对保证维修质量非常重要。维修企业必须建立配件管理和检验机构,对新购配件、外协加工件,在进厂时有专人验收,严禁假冒伪劣件、不合格零件入库。在维修领料时要认真填写"领料单",注明零件规格、型号、材质、产地、数量,并由领料者、发放人签字。当前汽车维修企业一般没有机加工设备,都是外协加工,如汽缸镗削、曲轴磨削加工等,很多维修企业不对加工汽缸和曲轴进行检验,常常造成拉缸和抱瓦的严重故障。

(3)计量管理制度。计量管理是当前汽车维修企业中最不受重视的一项工作。在强调汽车维修质量目标管理中,计量管理其实是质量保证体系链中的一个重要环节,是保证维修质量的重要手段。维修企业计量管理工作主要是计量器具和检测设备的管理。要按有关规定,明确专人管理、使用和鉴定,确保计量器具和设备的精度。

(4)技术业务培训制度。维修人员和技术管理人员的技术水平对维修质量有很大影响,加强职工的技术培训,是提高职工素质、保证维修质量、提高维修效率的重要途径。企业要根据自身生产情况和人员技术水平,积极组织技术培训,并建立考核奖励制度,激励职工的学习积极性。

(5)岗位责任制。维修质量是由每一道工序工作质量保证的。因此,要建立明确的岗位责任制,以提高每个人的质量意识。定岗时要合理搭配,定岗后要明确责任,并保持相对稳定,以便提高岗位技能和责任心。

(6)出厂合格证制度。出厂合格证是车辆维修合格的标志,一经厂方签发,在质量保证期内出了质量问题就需由厂方负责。《汽车运输业车辆技术管理规定》明确规定:维修厂(场)必须认真进行维护作业,确保维护质量。车辆维护后,应将车辆维护的级别、项目等填入车辆技术档案,并签发合格证;送修车辆和总成修竣检验合格后,承修单位应签发出厂合格证,并将技术档案、修理技术资料和合格证移交送修单位。"汽车维修竣工出厂合格证"由道路运输管理机构统一印发。

(7)质量保证期制度。车辆维修后,在正常使用情况下,按规定有一定的质量保证期限,在质量保证期内出现质量事故,由厂方承担责任。这是制约承修方保证质量的重要手段。因此,承修厂在签发合格证时要注明出厂日期和质量保证期限。《机动车维修管理规定》规定:汽车和危险货物运输车辆整车修理或总成修理质量保证期为车辆行驶20000km或者100日;二级维护质量保证期为车辆行驶5000km或者30日;一级维护、小修及专项修理质量保证期为车辆行驶2000km或者10日。

(8)质量考核制度。企业应按照岗位职责大小,分别制定考核奖惩标准,并认真实施。

三、汽车维修质量管理方法

汽车维修质量是维修企业的生命,维修质量的好坏是企业综合水平的反应,它关系着企业的生存与发展。不断地提高维修质量,是企业质量管理的头等大事。

在维修生产中不断发现维修中所存在的质量问题,从工艺、材料、设备、管理、人员素质、环境等方面找出原因,及时发现问题、解决问题。

1. 制订质量管理计划

企业不仅要有生产计划,也要在生产实际中总结经验,制订切合本企业实际的质量计划指标,作为组织质量管理和实现提高质量的奋斗目标。

维修质量指标一般用合格率表示。合格率是指维修合格的车辆在维修车辆总数中所占的比例,其计算公式为:

$$合格率 = 维修合格车辆/维修总次数 \times 100\%$$

维修合格率不单是反映了维修车辆本身的状况,而且反映了企业的总体维修质量水平。一般情况下,维修过程中的工作质量越好,合格率就越高;反之,合格率就越低。因此,利用合格率指标可以综合反映企业生产过程中的工作质量好坏,从而找出出现质量问题的原因,并不断加以改进和提高。另外,维修质量合格率也是对每道工序、每个班组进行质量考核的依据。

有时还需考核返修率、在厂车日等指标,用来评价企业的服务质量。返修率是指汽车回厂返修车次与在厂维修车辆总数的比值。在厂车日是指维修车辆自入厂时起,直至竣工出厂时的日历天数。

2. 建立质量分析制度

所谓质量分析,就是对维修出现的质量问题进行全面分析,找出出现质量问题的根本原因,并进行改进的过程。

质量分析应当是经常的、全面的,厂部、车间、班组都要进行。既要分析发生的质量事故,又要分析合格车辆。分析质量事故,是为了找出发生质量事故的原因和责任者,以便有针对性地采取技术组织措施。分析合格车辆,是为了全面掌握达到质量标准的规律,总结经验,鼓励先进,为进一步改善和提高质量奠定基础。

质量分析可从企业内部和企业外部两个方面进行。在企业内部,除了对日常质量检验的统计资料进行分析外,还可通过现场质量分析会,专项难点攻关等形式进行分析。在企业外部,主要是组织质量调查组对客户进行跟踪走访调查,更具体地了解客户的意见和要求,为进一步提高维修质量提供资料。

3. 制订提高维修质量的措施

质量计划指标应有切实可行的措施来保证。为了实现质量计划指标,必须制订相应的具体措施。

(1) 加强教育,提高全体员工质量意识,做到人人关心质量,个个保证质量。这是保证和提高维修质量的先决条件。

(2) 抓好技术管理,建立健全各项有关质量管理的规章制度。做到岗位有职责、检验有标准、操作有规程、优劣有奖惩,不断提高质量管理水平。

(3) 以质量为中心,依靠群众,积极推广和应用新技术、新工艺、新材料、新设备、新经验,不断提高维修质量和生产效率。

(4) 加强职工的技术业务培训,不断提高工人的技术水平和操作熟练程度。

(5) 积极推行全面质量管理新经验。一、二类维修企业要结合自身条件,积极推行全面质量管理的新经验,把维修质量管理工作提高到一个新的境界。

4. 汽车维修质量保证体系

(1) 汽车维修质量保证体系的概念。汽车维修质量保证体系是通过一定的制度、规章、方法、程序、机构等,把质量保证活动系统化、标准化、制度化。

汽车维修企业维修质量保证体系参考模式如图2-2所示。

建立质量保证体系,就是以保证和提高维修质量为目的,运用系统的方法和手段,把质量管理各阶段、各环节的质量管理职能组织起来,形成一个既有明确任务、职责、权限,又能互相协调、互相促进的整体。

(2) 质量保证体系内容是:

① 有明确的质量计划、质量方针和质量目标。质量计划是实现质量目标的具体计划和措施。质量方针是企业质量管理活动必须遵守和依从的行动指南。质量目标是企业根据质量方针提出的在一定时期内质量工作要达到的预期效果。

② 建立明确的质量责任制。

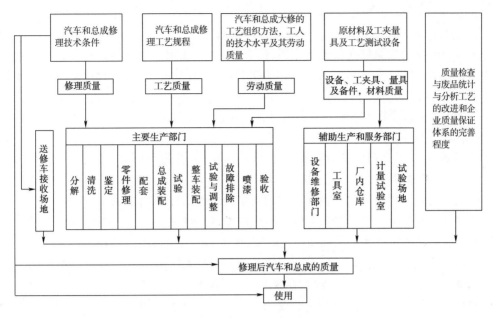

图 2-2 汽车维修企业维修质量保证体系

③建立质量管理机构。质量管理机构的主要职责:协助厂长进行日常质量管理活动;开展全面质量管理教育;组织质量管理领导小组活动,组织编制质量计划检查,督促计划执行;制定降低质量成本的目标和方案,协同财务部门进行质量成本分析、计算;研究推广先进的管理经验;负责质量信息的反馈分析。

④实行管理业务标准化和管理流程程序化。所谓管理业务标准化,是把企业中重复出现的管理工作制定成标准,纳入规章制度。管理流程程序化,是使质量管理工作的过程合理化,并用图表、文字表示出来。

⑤建立质量信息反馈及分析系统。建立全面质量管理系统关键是预防、预测,将质量问题在萌芽状态就予以解决。

⑥组织外协、外购企业的质量保证活动。

5. 加强全面质量管理实施步骤

(1) 对员工进行全面质量管理教育。进行全面质量管理教育要达到如下目的:

①将满足客户需求放在首位,让每个人深刻理解"客户满意"的思想。为灌输"客户满意"的思想,可以让员工进行"换位思维",并讨论清楚如下问题:如果自己是客户,对维修质量是怎么要求的? 希望得到什么样的服务?

管理人员:如果自己是现场执行人员(如业务员、维修人员、配件采购人员),对在工作中遇到的问题会有何想法? 希望得到什么样的帮助和理解? 希望管理者如何对待自己?

现场执行人员:假如自己是管理者,会如何对现场工作进行指导与管理? 对出现的问题会怎么看待? 是否知道它们的起因? 如何解决?

要鼓励大家以自己希望得到的服务方式去为客户服务,要将每个人都作为自己的重要客户,想方设法使其满意。

②明白提高质量与降低成本的关系。提高质量不仅不会提高成本,反而会降低成本。

因为质量提高了,会减少反复修理的时间,缩短在修车辆的在厂时间,降低人力资本,还会提高士气,提高工作效率。

③树立100%合格维修产品的责任感,使100%的员工成为抓质量的主人。当问到每一个员工"谁来负责维修质量"时,得到的回答都是"我"而不是别人,教育效果就达到了。应该让全体员工认识到如果存在问题,最终会影响到维修质量和企业形象。假如问题在开始阶段不解决,最后阶段将付出更高的代价才能解决。要教育员工树立100%维修质量合格的责任感,消除侥幸心理。

(2)了解市场。了解其他同行是如何使客户满意的,并进行研究,让员工明白别人是怎么做的,我们有何差距。

(3)树立样板。要让员工明白什么样的质量、什么样的标准才能令客户满意。

(4)建立质量标准和质量测评制度。维修质量的好坏一定要有一个明确公开的衡量标准,每个人都可以把自己的工作结果与之对照,从而知道自己做得是好还是坏。

(5)建立激励机制。如果质量检测结果对个人利益无任何影响,则员工没有尽力提高的动力。要根据员工绩效在物质和精神方面进行不同激励。

(6)转变质量检测部门的职能。改变质检人员"挑问题者"的角色,让他们帮助维修人员解决问题,消除相互之间的隔阂,加强沟通与理解。

(7)建立解决问题的机制。一旦出现问题,能够找出解决问题的方法,而不是互相埋怨。解决问题常用六步法:

第一步,讨论并确定问题;第二步,找出问题的根源;第三步,提出可能解决问题的方法;第四步,选择最佳方法;第五步,建议批准和实施;第六步,测试、评估、调整及庆贺。

(8)在全体员工中培育主人翁意识和敬业精神。消除员工中抱有的"公司不是我的,我是来打工的。公司效益好坏、存活与发展和我无关"之类的不良心态。

(9)让员工有一定的自由和权利。只有员工有了相应的权利才会有工作的主动性。允许员工提出问题、商讨问题,并将解决方案付诸实施。如果什么问题都要管理者来决定,大家只能消极等待。

(10)全面质量管理意识的培养。要加强全面质量管理意识的培养,尤其是协同作战精神的培养。要有效制定改进措施,不断增强客户意识,始终围绕客户的要求去工作,并教给职工如何更好地交流,如何更好地合作,如何更好地解决问题。

第四节 汽车维修核价

一、汽车维修价格结算预算

汽车维修价格预算是指汽车维修企业作为承修方与托修方在签订维修合同之前,根据汽车维修前技术状况的鉴定,对所列出的维修项目进行维修费用的概算。

维修项目的确定,一般是先由维修接待听取客户的陈述,结合待修车的进厂检验和不解体检测,确定维修方案。维修方案确定后,与托修方共同确定。再根据所罗列的项目清单,确定维修工艺过程中所涉及的工种,预计所需更换的材料费和外加工费,然后根据维修工时定额标准以及本企业的收费标准,计算出将发生的维修预算总费用。

因为托修方在接受维修服务之前,有权知道该次维修的价格范围,因此,比较准确地预算维修费用,不仅能反映企业的服务质量、经营管理水平,也关系到企业的形象。

二、汽车维修价格结算

汽车维修价格结算是在承修车辆竣工交付时,由承修方对车辆维修所发生的工时费、材料费、外加工费以及其他费用进行统计计算,并向托修方收取全部费用的过程。

统计和计算维修费用时,应注意以下几个方面:

(1)必须遵循国家有关价格的法律法规和行业管理规章,并承担相应的法律责任。明码标价,公平合理。

(2)服务项目和结算项目不得超出经营范围。

(3)统计准确,计算方法正确,不错收、漏收和重复收。

(4)收费依据充分。主要依据是:

①汽车维修合同:汽车大修、主要总成大修、二级维护、维修费用在1000元以上的项目,必须有承托双方签订的维修合同。

②派工单:这是结算的重要凭单,特别是在维修过程中征得对方同意后的追加项目。

③材料出库单:依据材料出库单,制作材料结算明细表。

④工时定额标准:这是由当地交通行政管理部门和物价部门制定和发布的,它是计算工时的法规性文件,必须严格遵守。

(5)按照本企业的类别和有关部门规定的企业管理费率,计算管理费并开具正式发票,将工时和材料明细表一起交托修方。

三、汽车维修价格结算方法

(1)计费依据。各省物价局都制定了《汽车摩托车维修行业工时定额和维修服务收费标准》(以下简称《收费标准》),是省内从事汽车摩托车维修的单位(含外企)、个人以及各类汽车维修服务站作为维修价格结算的依据。

(2)计算方法。按照以上计费标准,维修费用计费的公式和结算规则是:

$$维修费 = 工时费(工时单价 \times 工时定额) + 材料费 + 其他费用$$

①工时单价:依据汽车维修管理部门与物价部门核定的工时费标准,在允许浮动的范围内实施。

②工时定额:依据省级汽车维修管理部门制定的工时标准,分别核定汽车大修、汽车维护、汽车故障诊断、汽车小修、专项修理、机加工以及校验等各类作业项目的工时。但需注意的是:

第一,《收费标准》未列出的维护作业项目工时,应按该项小修定额工时另外计价;第二,车辆技术改装、改造,按作业完成后的实际工时结算,但承托双方必须订有书面合同;第三,在质量保证期内的返修项目不得另行计收工时费。

③材料费的计算方法:材料费包括材料成本费、自制配件费、修旧零件费、辅助料费。需

要注意的是：

第一，修旧基础件按不超过新件市场价格的 50%、修旧总成不超过新件市场价格的 60%、修旧零件不超过新件市场价格的 70% 进行结算；第二，辅助材料（比如清洗零件的汽油、棉纱、砂纸等）仅收取消耗材料，不得收取材料管理费。

④其他费用：其他费用包括外加工费、材料管理费等。但需注意的是：

第一，外加工费应按实际费用结算，若加工项目包含托修方报修的维修类别范围之内，则应按其相对应的标准定额收费，不得重复收费；第二，材料管理费是指因材料的采购、装卸、运输、保管、损耗等发生的费用，各地费率标准不尽相同，应按各地规定执行。

 复习思考题

1. 目前，我们国家的汽车维修指导思想是什么？
2. 汽车维护分哪 3 级？各自的作业项目是什么？
3. 汽车修理分哪 4 种？各自的作业范围包括哪些？
4. 如何进行送修汽车的接收？
5. 如何保护承修的汽车？
6. 假如客户不太赞成追加维修项目，应该如何说服？
7. 维修核价包括哪些方面？
8. 核定工时费时，主要考虑哪些因素？

 工作页

汽车故障诊断检查（自我检查）工作页

教师布置日期：　　年　　月　　日　　　　　　　个人完成时间：　　　　（分钟）

问题： 　　选择一辆你所熟悉的旧车，假设该车来厂维修，请你依据汽车故障发生的一般规律，对其进行全面的诊断与检查。	任务： 　　确定汽车的故障现象和故障部位。
检查诊断要点：	

续上表

项目	检查要点	注意事项
损坏型故障	检查汽车外部零部件有无裂纹和断裂,有无变形、腐蚀、压痕和老化。	
退化型故障	1. 起动发动机,检查发动机的运转有无异响。	
	2. 汽车起步,检查挂挡是否顺利,有无脱挡和乱挡,检查传动系统有无异响。	
	3. 行车中检查转向是否轻便,转向有无异响,汽车有无行驶跑偏。	
	4. 进行汽车制动,检查制动是否有效,检查汽车是否有制动跑偏,制动中有无异响。	
	5. 行车中检查全车有无异响和振动?	

续上表

项目	检查要点	注意事项
松脱型故障	1.检查汽车外部有无螺栓松动。	
	2.检查球头连接是否松动。其他连接是否松动？	
	3.检查有没有焊点脱落。	
失调型故障	1.检查发动机机油压力和发动机水温是否正常。	
	2.检查各种踏板和转向盘自由行程是否正常。	
	3.检查各种操纵机构是否有干涉和卡滞。	

续上表

项目	检 查 要 点	注 意 事 项
堵塞与渗漏型	1. 检查是否有漏水、漏气、漏油和漏电现象。	
	2. 检查有无油、气和水堵塞现象。	
性能衰退或功能失效型	1. 是否检查了发动机的动力性能？	
	2. 检查汽车尾气排放是否超标等。	

学习纪要：

第三章　汽车维修服务接待

学习目标

通过本章的学习,你应能:
1. 了解汽车维修接待的作用、要求,以及维修接待员的职责、基本素质;
2. 熟悉汽车维修接待的基本礼仪;
3. 掌握汽车维修接待的各种技巧;掌握汽车维修接待的主要内容(十大环节)。

汽车维修服务不同于人们日常生活中所见到的普通商业服务。

对于普通商业服务来说,通常是无形的,是在供方和客户接触面上至少要完成一项活动的结果,既可在向客户提供的有形产品上完成活动,也可在向客户提供的无形产品上完成活动。

汽车维修服务同时服务于两个对象:汽车与客户。因此,汽车维修服务不仅要求有面向汽车的服务技术、维修质量、维修价格、维修时间,还要求有面向车主的良好服务态度、恰当服务技巧、满意休息场所、舒心等待方式等。

因此,汽车维修服务非常需要设置接待员岗位,并对其职责作出规定,对其素质提出要求,对其技巧进行培训。

第一节　汽车维修接待员职责

一、汽车维修接待作用

近年来,汽车维修行业逐步与国际接轨。随着维修客户的多样化,尤其是面对日益增多的私家车主,维修行业普遍开始设立客户休息场所(图3-1)及维修接待岗位。目前,该岗位已逐步成为汽车维修企业的一个重要组成部分。

一个汽车维修企业,是否设立维修接待岗位,效果相差很大。

从维修客户角度来说,如果厂家设立了业务接待,而且工作出色,将会给其留下十分美好的印象,感觉这家汽车修理厂管理很规范、水平够档次、服务态度好;接待人员能够十分专业地解答关于汽车维修、投保、索赔、使用须知等方面的知识;在这家汽车修理厂修车,很放心。不仅自身会成为回头客,而且还会介绍亲戚、朋友、同学、同事前来接受维修服务。反之,如果他来到了一家没有设立维修接待的汽车修理厂,他的到来无人理睬,维修消费不明不白(图3-2),心中就会感觉不愉快,可能以后再也不会来此消费了。

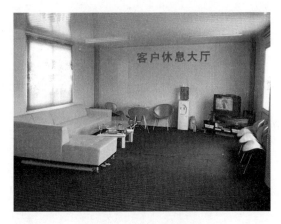
图3-1 维修客户休息处

图3-2 接待、维修岗位合一

从企业角度来说，要将设置维修接待放在整个经营活动的大局来考虑，并不只是简单地"开辟一块场所，摆上两张桌子，安排几个闲人"，就算有了业务接待了。必须将此放在"影响企业自身形象，沟通双方消费关系，关乎维修业务多少"的高度去对待。能够站在消费者的角度去看待维修接待，高标准布置接待场所，精心挑选接待人员，严格培训接待业务，努力提高接待水平。要把维修接待与检验、维修、配件、销售、收银等各个环节协调起来，相互之间既有分工又有合作，步调一致地完成企业的经营目标。

从汽车维修的行业主管部门来说，应常把业务接待的水平作为衡量汽车修理厂经营状况的一个重要因素。

客户来修车，第一步迈进的是业务接待厅，第一个接触的是维修接待员。业务接待厅的环境，维修接待员的服务水平，在很大程度上影响着客户是否信任这家企业，是否愿意在此处接受维修服务，更决定着客户能否成为回头客。

汽车维修接待的重要性，体现在如下几点：

（1）能体现汽车维修企业的经营管理日趋完善。

（2）是汽车维修企业与维修客户进行业务联系的纽带。

（3）维修接待员代表着维修企业的形象。

（4）通过带动与协调各个管理环节，使企业内各部门之间明确职责，提高效率，步调一致地完成经营目标。

（5）可有效协调客户利益与厂家利益，使之基本一致，增加双方信任感。

（6）及时统计与核实承修车辆的费用，并向客户客户收取。

二、汽车维修接待要求

（1）维修接待场所始终保持整洁、温馨（图3-3）。

（2）维修接待员始终保持衣着整洁大方、仪表不卑不亢、情绪乐观热情、交往注重信

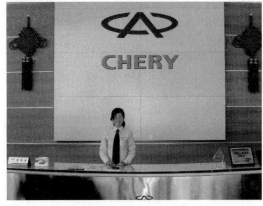
图3-3 清洁的维修接待处

用、做事雷厉风行、工作讲究效果。

(3)维修接待员有良好的亲和力,给维修客户以信任感。

(4)维修接待员习惯性地使用礼貌用语。

(5)不要使客人等待时间太久,尽量贯彻"马上就办"的原则。即使工作再忙,也要先打招呼、让座、上茶。

(6)对客人提出的问题要表示感兴趣,对他的困惑进行解释,对他的问题设法解决。

(7)维护企业与客户利益,既不要让客户感觉上当,也不能无谓地牺牲企业的利益。

三、汽车维修接待员职责

(1)不断学习汽车构造及维修知识、相关法律法规,努力提高自身的业务水平。

(2)保持接待区整齐、清洁,给维修客户以美好的第一印象。

图3-4 夸大故障,增加维修项目

(3)热情接待、主动了解维修客户的真实需求以及对车辆的维修期望,为维修客户提供满意服务。

(4)接受待修车辆,通过询问或预检,与客户进行有效沟通,解释故障的发生原因及潜在影响,给出最适当的维修建议,确定维修项目及维修价格,耐心说明收费项目及其依据,达成维修意向、签订维修合同。但不能夸大故障、欺瞒客户,获取非法利益(图3-4)。

(5)开出维修工单,安排车辆的维修作业。

(6)安排客户休息,与客户约定交车时间。

(7)把掌握维修进度,假如需要增加维修项目或延迟交车时,需要与客户及时联系、沟通,达成一致。

(8)确保完成客户交付的维修项目,引导客户结算维修费用,按时将修竣车辆交给客户并热情地送客户离开。

(9)提醒客户注意常见故障的发生以及避免方法。

(10)建立并妥善保管客户及其车辆的资料,建立客户档案。

(11)做好维修回访等维修后的服务工作,给维修客户以温馨的感觉,同时宣传本企业、推销新产品、解答客户提出的问题。

(12)听取维修客户的意见与建议,接受维修客户的投诉,并及时向维修业务部门或领导汇报,妥善解决投诉内容。

如果汽车维修接待员能够积极履行自己的职责,充分发挥"接待、沟通、引导、化解"的作用,就会避免许多维修纠纷的发生。

第二节　汽车维修接待员基本素质

(1) 具有高中以上文化,最好是职业院校汽车专业学历或进修过汽车专业相关课程。

(2) 身体健康、品貌端正,会说普通话,能听懂当地方言,具有较强的口头表达能力和人际交往能力,善于沟通协调,社交能力较强,懂得关怀客户的技巧。

(3) 有高度的责任心和良好的职业道德。爱岗敬业、廉洁奉公,为人坦诚、头脑灵活,秉公办事、不谋私利、诚信无欺、讲究信誉、团结协作、共谋发展。

(4) 熟悉国家和汽车维修行业管理部门有关价格、保险、索赔等的法律、法规和政策。

(5) 熟悉汽车的类型及特征、构造与原理、材料及零配件知识、维护规定、维修工艺流程、常见故障及检测设备主要用途、零配件知识及汽车保险知识,并有一定的实践经历。

(6) 有驾驶证,能够对计算机进行常规操作,会绘制各种统计图表。

(7) 接受过维修接待技巧的培训,并经汽车维修业务主管部门考核达到上岗要求,对本单位的生产流程、生产能力有比较深入的了解。

(8) 具有初步财务知识,熟悉汽车维修价格结算的基本流程。

(9) 懂得尊重人,善于团结人,有组织一班人一起行动,去实现一个共同目标的能力。

(10) 有一定的商业意识与开拓精神,具有把握现状及筹划未来的基本能力。

第三节　维修接待内容

一、汽车维修流程图

不同的汽车生产企业,要求其4S店所采用的服务流程不尽相同,汽车维修全程流程图如图3-5所示。

二、维修接待主要内容

汽车维修接待,并非只是在客户进店时才需要,而是应该贯穿于汽车维修的全部过程。

全方位的汽车维修接待,分为"服务、询问、检查、合同、开单、推销、跟进、收费、交车、跟踪"十大环节。

1. 服务

服务工作要从客户迈进接待大厅开始,让客户充分体会到宾至如归的感觉:

(1) 进门让座,倒上一杯水,坐下慢慢说(图3-6)。

(2) 假如是雨天、热天,递上一块纸巾供客户擦掉脸上的雨水、汗水。

(3) 假如客户带着孩子一起来的,说两句话逗逗孩子;或者给他一颗糖果,一件小玩具,令其开心;提醒大人、孩子注意安全。

(4) 假如客户提出其他服务需求,尽量满足;实在无法满足时,先说"对不起",再解释原因。

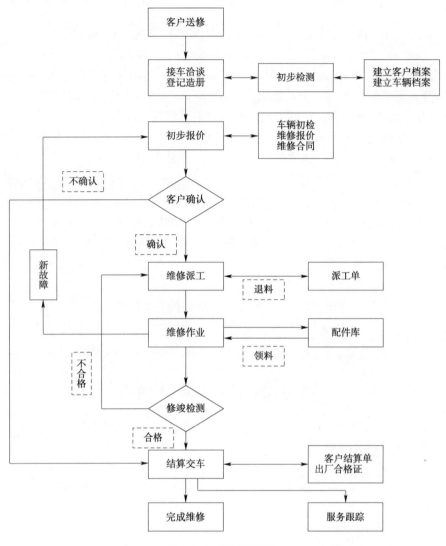

图 3-5 汽车维修流程图

2. 询问

通过向客户询问待修车状况,掌握大概故障,减少判断时间。主要做法是:

(1)耐心、细心聆听客户对汽车故障的描述。

(2)向客户了解该车的使用状况以及故障发生前的征兆。

(3)向客户深入探问以求获得更多信息。

(4)与客户共同研讨,弄明白他为什么要做某项维修服务。

(5)了解客户关于维修时间、维修项目、维修价位的接受程度。

3. 检查

检查验收进厂维修的汽车,避免日后交车时产生纠纷。主要检查内容有:

(1)检查客户的保修、维修单。

(2)环车检查(图 3-7),初步找出导致故障产生的原因,然后进行科学诊断,准确找出故障所在。

图3-6 向客户提供接待服务

图3-7 环车检查图

检查顺序为:前风窗玻璃→左侧后视镜及左前翼子板→左前轮及左前照灯→前保险杠→发动机罩→右前轮及右前照灯→右侧后视镜及右前翼子板→车身右侧→右后轮及右后翼子板→汽车尾部→左后轮及左后翼子板→车身左侧。

(3)通过目视、静态检查、动态检测,发现客户没有发现的潜在故障,向客户提出维修建议。

(4)遇有难以解决的问题,与维修主管商讨找出解决问题的方法。

(5)尽量满足客户报修以外的其他合理要求。

(6)进行车辆外部检视,将已经出现了缺陷,而车主不要求修复的部位登记在案。

(7)登记随车携带的物品,贵重物品提醒客户带走。

4. 合同

根据客户介绍和实车检查情况,协商确定维修项目,签订维修合同。签订维修合同时,需重点考虑以下问题:

(1)需要进行维修的项目。

(2)计划采用的维修材料类别及提供方式(是否自带配件)。

(3)约定的竣工时间。

(4)估计维修总费用及结算方式。

(5)合同需变更时的通知方式。

5. 开单

开单就是向维修车间或维修技师填写、下发维修工单,具体包括以下内容:

(1)车辆基本资料(如:车牌照、品牌、型号、生产年份、VIN码等)。

(2)车况描述。

(3)相关证件的交接。

(4)随车工具及物品的保管。

(5)与客户商定的维修所需材料、配件的提供方式。

(6)与维修技师沟通有关维修工作。

(7)开具维修工单。

(8)维修工单填好后要交给客户过目、签字。

6. 推销

这里的推销是指面向客户推销本企业可以提供的其他服务,既包括推销客户没有发现的潜在故障的维修服务,也包括推销可以提供的添加服务。但在推销时,应注意以下几点:

(1) 推销客户未发现的潜在故障维修服务时,要说明故障的危险性以及大概维修价格。

(2) 在维修过程中需要追加的项目或零件的更换,应及时与客户取得联系并征得其同意。

(3) 向客户建议增加额外维修服务时,应解释服务的性质、价格及可以给车主带来的利益。

7. 跟进

跟进是指汽车在厂维修期间,维修接待员应关注汽车的维修进程,随时了解维修状况。跟进的主要内容包括:

(1) 与维修技师共同研讨维修工单。

(2) 尽量回答维修技师所提出的问题。

(3) 通过维修技师,充分了解维修工作量。

(4) 与维修技师商讨落实材料、配件的提供方式。

(5) 及时掌握维修进度与维修质量。

(6) 了解"三检"的实施情况。

(7) 如发现配件需求、工时有变化,或者需要增加维修项目时,一定要按照事先约定的方式通知客户并获得确认!切记:没有得到客户认可之前,勿作任何额外修理。

(8) 在特殊情况下(如出现返修),要检查维修技师的工作。

8. 收费

收费是指向维修客户收取维修服务费,包括事先估算以及事后决算两个方面。

(1) 零配件应按企业的正常销售价格报价,如属特殊订货的配件,可以在进价基础上适当加管理费后报价。

(2) 客户自备配件,应向客户解释正厂件与副厂件的质量差异和价格差别,使其理解本店配件价格偏高,是有道理的。

(3) 工时估价应按行业主管部门批准的不同车型、不同维修项目的统一工时定额和单位工时费标准报价。

(4) 常规维修项目可直接报价,个别容易引起误解的收费标准应向客户作出必要解释。

(5) 计算应向客户实际收取的更换零配件费、工时费、进厂检测费、外加工费及其他费用(图3-8)。

图3-8 汽车维修收费清单

9. 交车

交车时需要做好以下工作:

(1) 向维修技师了解维修过程,确认工单上的维修项目均已完成。

(2) 确认已经实施过维修的地方是否依然存在问题。

(3)确认油、气、液(水)及所有安全项目(皮带张力、轮胎螺栓、轮胎气压、灯光、喇叭、信号、机油压力)均进行过检查且合乎要求。

(4)确保车辆内外清洁,油箱油量、行驶里程等符合逻辑。

(5)办理检验合格证。

(6)准备好修竣车辆的完整技术资料,内容包括:修理类别、各总成技术状况、总成主要零件的修理尺寸及装配数据、检测报告、修理中各总成主要零件更换或修理状况以及整车检验与调整数据等。

(7)与客户联系,确认交车时间、维修项目、实际费用是否与工单上的项目相符。

(8)向客户解释有可能产生疑问之处。

(9)清洁客户车辆,注意干净,防止污染。

(10)送客户到上车,目送车主离开。

10. 跟踪

跟踪是指汽车出厂之后,定期与客户进行电话或短信联系,询问质量情况和使用情况,以保持客户良好的满意度;给客户留下美好的印象,以期建立长远的合作关系;发掘客户新的需求;感动客户介绍新的客户前来接受维修服务。

(1)分工明确。为有效实施跟踪活动,维修部门、销售部门应有效协调,维修接待、客服经理、销售人员应各自明确并执行其任务(表3-1)。

跟踪服务责任表　　　表3-1

注: ◎执行者 △协助者 ○监督者	1000km定期维修(免费)			5000km定期维修			10000km定期维修			15000km定期维修			20000km定期维修		
	电话联系	维修邀请	维修	电话联系	维修邀请	维修后跟踪	电话联系	维修邀请	维修	电话联系	维修邀请	维修	电话联系	维修邀请	维修后跟踪
销售人员	◎			◎			△			△			△		
维修接待	◎	△		◎	△	◎	◎	◎		◎	◎		◎	◎	◎
维修技师			◎			◎			◎			◎			◎
客服经理	○	○	○	○	○	○	○	○	○	○	○	○	○	○	○

(2)新车交付时介绍各种服务。销售人员应该在将新车交给客户时向其解释各种服务。

(3)保持一年联系两次。向客户推荐定期维修,每半年最少保持一次对客户的跟踪联络。

(4)直接给客户发短信或打电话,提醒其来厂维修或定期维修。

(5)定期拜访团购客户。一般说来,团购客户普遍觉得他们应该比普通客户得到更好的服务。为了提高其满意度,与他们保持更加紧密的联系是有好处的。定期拜访团购客户,可以尽早发现汽车存在的问题;可以与车辆负责人沟通将客源保持住;可以销售更多的服务和零配件;可以确定客户何时将把汽车折价卖出。

表3-2是客户跟踪服务问卷样表;表3-3是客户电话跟踪样表。

客户跟踪服务问卷样表　　　　　　　　　　　　　　　　　　　表 3-2

跟踪服务信件（样例）	跟踪服务调查问卷（样例）
尊敬的客户： 　　您好！ 　　感谢您将自己的爱车送到本店维修。我们已经尽力为您维修好了爱车，希望可以使您满意。 　　我们很重视您的意见，并期望您对我们的服务感到满意。 　　如果您有任何需要我们帮忙的，或者您有可以帮助我们将来更好工作的建议，请随时联系我们。 　　再次感谢您的光顾！同时感谢您即将给予我们的良好建议！ 客服经理：××× 　　　年　月　日	**您的建议将帮助我们更好地为您服务** 　　作为汽车维修商，我们希望能给您提供尽可能好的服务。您的满意就是对我们最大的激励。劳驾你费心，请将下面的问卷填写出来。 |我们的员工是否礼貌并友好？|　| |您对我们的前台接待满意吗？|　| |我们是否按时修好了您的爱车？|　| |我们是否按您的要求提供了服务？|　| |您对爱车的修理满意吗？|　| |您在提车时，车容可是干净的？|　| |您愿意再次光临我们店吗？|　| |我们存在着什么需要改进的地方？|　| 您的姓名：　　　　　　您的电话号码： 您的联系地址及邮编： 您的电子邮箱： 　　　　　　　　万分感谢您的意见！ 　　　　　　　　　　　　　　客服经理：××× 　　　　　　　　　　　　　　　　年　月　日

客户电话跟踪样表　　　　　　　　　　　　　　　　　　　　　表 3-3

流　程	步　骤	电 话 举 例
准备	（1）准备客户档案、修理账单，并检查已经完成的工作。 （2）准备好你想为客户提供的信息。 （3）确认客户姓名及电话号码	
拨电话	问候客户并做自我介绍	您好，我是运华集团维修接待柳莺
确认客户	（1）确认客户。 （2）感谢客户将车开到本店进行维修。 （3）询问客户是否方便通话	（1）王女士家吗？她在家吗？您是王女士吗？ （2）您好，王女士。我是运华集团维修接待柳莺，感谢您那天把车开来我们店维修。 （3）您现在有时间吗？可以与您简单聊几句吗
陈述意图	告诉客户打这个电话的原因	（1）给您打电话是想知道您的车在维修后情况如何，并征求一下您对我们服务的意见与建议。 （2）是这样的，我们想提供本市最好的维修服务，但没有客户的意见，我们是很难做到的，您今天能帮我们个忙吗

续上表

流　程	步　骤	电 话 举 例
调查维修情况	（1）询问客户的汽车在维修后的行驶情况。 （2）询问客户是否满意	（1）那天给您维修了发动机，现在车况如何，您还满意吗？ （2）听您这么说我很高兴。 （3）看起来这很好啊！ （4）还有什么我们可以帮忙的吗？ （5）您对我们维修店的总体印象如何？ （6）您能这么评价，我很高兴，我们还要继续努力。谢谢您的鼓励
向客户提供相关信息	告知对方本店正在或将要开展的服务项目	（1）十分感谢您！顺便说一下，本周六我们有一个回报客户的活动，届时将向老客户以很实惠的折扣出售换季坐垫以及洗车卡。如果您有时间的话，希望您能过来参加。 （2）谢谢您
感谢客户与你交谈	感谢对方的回馈，并道别	（1）王女士，感谢您今天花时间接我电话。我知道您很忙，很对不起。希望本周六能见到您。 （2）再见。谢谢您

第四节　维修接待礼仪

人们通常所讲的"礼仪"，其实是"礼"和"仪"两个字的合成词。礼表示敬意，泛指表示尊敬的语言或动作；仪表示准则、表率、仪式、风度等。

礼仪是人们在长期生活实践中，在语言行为方面由于风俗习惯而形成的为大家共同遵守的社交准则。

如果一个人平时能多一个温馨的微笑、多一句热情的问候、多一个友善的举动、多一副真诚的态度……也许能使他的生活、工作增添更多的乐趣，使人与人之间更容易交往、沟通。

一、仪表、仪容与仪态礼仪

仪表、仪容、仪态是在社交过程中最先展示给人们的，为了给客户留下良好的第一印象，维修接待人员必须高度重视。

1. 仪表

（1）按季节统一着装，整齐、得体、大方、清洁。

（2）穿西服要配领带，领带颜色与西服颜色要相配，领带不能肮脏、破损或歪斜松弛。

（3）穿西服可以不扣纽扣，如果扣，应该只扣上边一粒。

图3-9 女性汽车服务接待着装

(4)胸卡佩戴在左胸位置,卡面整洁、清晰,佩戴正直。

(5)胸部口袋不能装东西,其他口袋也不可装太多东西,以免外观鼓鼓囊囊不雅观。

(6)穿深色皮鞋,保持亮度,不穿破损、带钉、异形鞋。

(7)工作期间不宜穿大衣或过分臃肿的服装。

(8)女性业务接待员服装要淡雅得体,不得过分华丽(图3-9)。

2. 仪容

(1)头发。经常清洗,保持清洁,发型普通,不染彩发。男性接待员不留长发,女性接待员不留披肩发。

(2)面部清洁。男性接待员不留胡须,女性接待员要化淡妆,不浓妆艳抹,不用香味浓烈的香水。

(3)指甲。指甲不能太长,女性接待员不留长指甲,不做美甲。

(4)口腔。口腔保持清洁,上班前不喝酒、不吃有异味的食品。

男性维修接待员在仪容、仪表方面的注意事项如图3-10所示。

女性维修接待员在仪容、仪表方面的注意事项如图3-11所示。

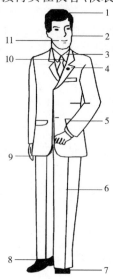

图3-10 男性维修接待员仪容、仪表注意事项
1-短发并保持清洁、整齐;2-面带笑容、精神饱满;3-白色或单色浅色衬衣,干净;4-正确佩戴公司徽记;5-西装平整、整洁,口袋不装物品;6-西裤平整;7-皮鞋光亮,无灰尘;8-黑色或深色袜子且无洞、干净;9-短指甲且清洁;10-领带紧贴领口,系得美观大方;11-经常刮胡子

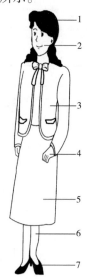

图3-11 女性维修接待员仪容、仪表注意事项
1-发型文雅、庄重,梳理齐整,长发可用发卡、发带等束好;2-面带微笑,化淡妆;3-上装大方、得体;4-指甲不宜过长,并保持清洁,若涂指甲油,应选淡色的;5-裙子长短适宜;6-肉色丝袜,切忌有洞;7-鞋子光亮、整洁

3. 仪态

1)微笑

微笑是表情中最能赋予人好感,增加友善和沟通,愉悦心情的表现方式。在不同场合、

第三章 汽车维修服务接待

不同情况,均能用微笑来接纳对方,反映出你具有高超的修养,待人至诚。

一个经常微笑的人,必能体现出他的热情、修养、魅力,从而得到人的信任和尊重,如果我们用微笑对待他人,得到的也必将是一张张热情、温馨的笑脸。

微笑可以使强硬者变得温柔,使对立转变为和解,微笑是化解矛盾的有效手段。在维修接待中,接待员要对客户充满微笑。

微笑表达时,需注意以下事项:第一,不能在客户已经走到你面前时,面部还没有一丝笑容;第二,不能在对方痛苦时微笑,以免给人幸灾乐祸的嫌疑;第三,微笑不能生硬、虚伪、笑不由衷、皮笑肉不笑。

假如平时你不善微笑,哪就应该注意训练。人在说"七"、"茄子"、"威士忌"时,嘴角会露出笑意。图3-12 是训练微笑的两种方式。

图 3-12 微笑训练方式
a) 微笑训练方式之一;b) 微笑训练方式之二

2) 坐姿

人在坐下之后,应上身挺拔、端正、收腹,坐在椅子的大约2/3处,双目平视。女性接待员双腿并拢,不得把腿向前或向后伸,更不能翘"二郎腿";男性接待员双腿可齐肩宽分开。须移动座椅位置时,应先把座椅移动后放好,然后再坐。正确的坐姿如图3-13所示,几种错误的坐姿如图3-14所示。

3) 站姿

人站立时,应抬头、上身挺拔,目视前方、挺胸直腰、双臂自然、双腿并拢直立、脚尖分开呈V字形、身体重心放到两脚中间,也可两脚分开,比肩略窄,将双手合起,放在腹前或腹后。女性接待员可双脚后跟并拢,脚尖分开约45°,亦可用小丁字步,一脚稍微向前,脚跟靠在另一脚内侧。双手在体前交叉互握;男性接待员站立时,双脚可齐肩分开,双臂自然下垂或交叉背后。

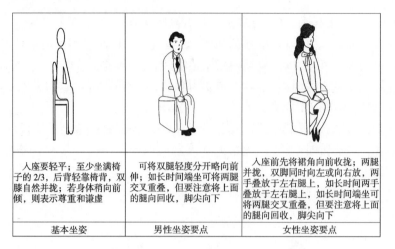

图 3-13　正确坐姿图

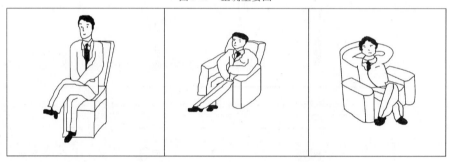

图 3-14　几种错误的坐姿

晨会时，除保持正确的站姿外，男职员两脚分开，比肩略窄，将双手合起放在背后；女职员双腿并拢，脚尖分开呈 V 字形，双手合起放于腹前（图 3-15）。

4）蹲姿

如果需要在低处拾取东西，应该保持大方、端庄的蹲姿。一般说来，蹲下时应该一脚在前，一脚在后，两腿向下蹲，前脚全着地，小腿基本垂直于地面，后脚跟提起，脚掌着地，臀部向下（图 3-16）。

图 3-15　站姿图

图 3-16　蹲姿图

5）行姿

行走时应注意以下问题：上身挺直，收腹挺胸，重心略微前倾，不得低头驼背、摇头晃肩；双目平视，表情自然平和，不可左顾右盼；两肩平稳，双臂在体侧自然摆动，双臂摆的幅度不得太大；步幅适当，步速平稳，不得忽快忽慢。

客人来访时，需要采用"引导步"走在前边给客人带路。引导时，要尽可能走在客人左侧前方，身体半转向客人方向，保持两步间距，遇到上下楼梯、拐弯、进门时，要伸左手示意，并用语言提示请客人上楼、进门等。

与客人告别，应后退两三步，再转身离去，退步时脚轻擦地面，步幅要小，先转身后转头。

二、交谈技巧

（一）交谈礼节

（1）与人交谈时，表情要自然，语气要和蔼、亲切（图3-17）。为详细表达，可适当做一些手势，但动作不宜过大，更不要用手指着对方讲话。与对方所处位置要适度，离得太远，对方听不清；离得太近，又涉嫌侵入对方私人区域。应注意口腔卫生，对着别人说话时，不能唾沫四溅。

（2）交谈过程中，要始终保持热情。在讲话内容方面，要多谈对方关心、对对方有益的内容；表情要自然亲切，行为要得体大方。

（3）克服言谈中不良的动作、姿态。那些不顾对方讲话，左顾右盼、摸这摸那、看微信、发短信、打哈欠、伸懒腰等漫不经心的谈话中的动作，是极其不礼貌的行为。

图3-17　交谈的礼节

（4）不要态度傲慢、趾高气扬地与人交谈。特别是与晚辈或学识、专业水平不如自己的人交谈时，更应注意这一点。如果自视过高、目中无人，势必在交谈中出现不尊重对方的口气和动作。

（5）与人谈话时，不宜高声辩论，更不能出言不逊。对一些问题如有不同看法，即便发生分歧，不得已争执起来，也不要大声斥责，可以避开话锋，先谈其他问题。

（6）自己讲话时，要给别人发表意见的机会。别人说话时，也应适时发表自己的看法。要善于聆听，不轻易打断别人的发言。一般不提与谈话内容无关的问题。如某人谈到一些不便谈论的问题时，不轻易表态，可以灵活地转移话题。

（7）参与别人谈话时，要先打招呼，不要随便打断别人的谈话。有人主动与你交谈，应乐于接受。对于别人的个别谈话，不要凑前旁听。当欲与某人讲话时，应待别人讲完后，再与之交谈。多人交谈时，不应冷落某人，要不时地向其他人打打招呼，以示礼貌。

（8）谈话结束时，应该告别。如果是与多人交谈，结束后应一一告辞。告辞语应简洁，尽可能用高度概括性的语言。不要把说过的话再重复一遍，更不要在临近结束时又提出新的话题，应尽量减少告别时的话语。

(二)称谓

称谓是对亲友、社会人员等相互之间关系的称呼。在古代,人们使用称谓时是有严格区分的,马虎不得。今天,我们要在借鉴前人的基础上,提倡一些体现时代特色的称谓。

称谓要表现出尊敬、亲切和文雅,使双方易于沟通、缩短距离。人际交往,礼貌当先;与人交谈,称谓在先。

1. 称谓的种类

称谓主要有四大类:通用称谓、亲属称谓、姓名称谓、职务称谓。

1) 通用称谓

如"阁下"、"先生"、"女士"、"小姐"等(图3-18)。

图3-18 "刘先生,欢迎您前来本店维修您的爱车"

2) 亲属称谓

血亲关系:祖父、父亲、伯父、叔父、姑姑、母亲、胞兄、胞妹等。

姻亲缘关系:姻伯、姻兄、姻妹等。

面对亲属时自己的谦称,可加"愚"字:如愚伯、愚岳、愚兄、愚甥、愚侄等。

面对别人时称自己的亲属,前面加"家"字:如家父、家母、家叔、家兄、家妹等。

对别人称自己的平辈、晚辈时,前面加"敝"、"舍"、"小";如敝兄、舍弟、舍侄、小儿、小婿等。

称呼别人的亲属,加"令"或"尊":如尊翁、令堂、令郎、令爱、令侄等。

3) 姓名称谓

全姓名称谓:即直呼其姓氏和名字,如"柳莺"、"张建设"、"陈建国"等。称呼全姓名时,显得庄重、严肃,一般用于学校、部队或其他郑重的场合。在日常交往中,指名道姓称呼对方,显得不够礼貌。

姓氏加修饰称谓:即在姓氏前面加上一个修饰字。如"老刘"、"陈老"、"小李"、"大王"等。这种称呼亲切、真挚,一般用于相互比较熟悉的人之间。

名字称谓:即省去姓氏,只呼其名字,如"建设"、"建国"等,显得既礼貌又亲切。

4) 职务称谓

职业尊称:如"赵老师"、"甘医生"、"郑会计"、"冯师傅"等。

党内职务:如"刘书记"、"张主任"、"杨政委"等。

行政职务:如"王处长"、"季经理"、"陈厂长"、"邓船长"等。

专业技术职务:如"李教授"、"唐高工"、"辛会计师"等。

新型称谓:如"姜博士"、"蔡导演"、"钱编剧"等。

2. 使用称谓注意事项

使用称谓时,应注意以下三点:

(1) 慎用或不用"哥儿们"、"爷儿们"、"姐儿们"之类称谓,以免给人以"团伙"之嫌。

(2) 不在公共场合使用不礼貌的称谓。如"老头"、"老太婆"、"小子"、"丫头"等。

(3)不使用侮辱人的称谓。如"傻大个儿"、"吕瘦猴"、"武矬子"、"高逗眼"等。

(三)积极聆听

在客户谈到有关车的售后服务问题或其他重要问题时,认真听取对方的谈话,适度为其作出补充,鼓励对方深谈,收取关键信息并强调其重要性,这就是聆听。

与人交谈时,聆听是一门艺术。积极的聆听可以增强提问的效果,如能很好地搭配使用"聆听"和"提问",就能提高和客户面谈的成效。

1. 积极聆听的特征

是否在积极聆听,有两种判别方法:一是语言,二是态度(图3-19)。

(1)用语言表示。不干扰对方说话;运用开放式提问以鼓励对方说下去;不妄下结论。如:

①我对您的话很感兴趣;

②很有道理;

③是的,确实是这样;

④我非常喜欢您讲的;

⑤还真是这么回事;

⑥是吗?这点您能不能说得再详细些?

⑦我是这样理解您所说的……,对吗?

……

图3-19 积极聆听

(2)用态度表示。如:

①耐心听;

②适当的眼神接触;

③身体略向前倾;

④不停地点头、表示出兴趣;

⑤用笔记录对方所说的要点等;

……

2. 提问的形式

提问的形式有两种,一种是开放式,一种是封闭式。

1)开放式

开放式提问是为了取得信息,或者让对方充分表达他的想法。如:

(1)汽车跑起来,有什么症状?

(2)您认为您的汽车是什么部位出了故障?

(3)有什么我可以帮忙的吗?

2)封闭式

封闭式提问的目的是:获取确认、引导对方进入谈话主题、缩小谈话主题的范围、确定谈话的优先顺序。如:

(1)您的车用了几年了?

(2)制动时总是向左跑偏,对吗?

(3) 星期一下午或者星期二上午，你有时间吗？

（四）常用礼貌用语和禁忌语

在社交场合，常用的礼貌用语和禁忌语见表3-4。

常用礼貌用语和禁忌语　　　　　　　表3-4

常用礼貌用语		禁忌语
分　类	内　　　容	
常规礼貌用语	您好； 没关系(不客气)； 请指教(请多关照)； 对不起； 再见(再会)	嘿！ 老头儿。 土老冒儿。 问别人去！ 不知道。 有完没完。 到点了，你快点儿。 我不管，少问我。 叫唤什么，等会儿！ 我就这态度！ 靠边点儿。 交钱，快点。 听见没有，长耳朵干嘛使的。 你吃饱了撑的呀！ 有能耐你告去，随便告哪都不怕。 到底要不要，想好了没有。 买得起就快点，买不起别买。 没看见我正忙着吗，着什么急。 刚才和你说过了，怎么还问。 买的时候，你怎么不挑好啊。 谁卖给你的，你找谁。 有意见，找经理去。 那上边都写着呢，你不会自己看呀。 不能换，我们就这规矩。 你问我，我问谁。 瞎叫什么，没看见我在吃饭。 你管不着。 没上班呢，等会儿再说。 不是告诉你了吗，怎么还不明白。 现在才说，早干嘛来着。 怎么不提前准备好。 别装糊涂。 我有什么办法，又不是我让它坏的
欢迎礼貌用语	请； 欢迎您光临(欢迎惠顾)； 见到您(你)很高兴	
问候礼貌用语	您好； 您早(早上好)； 多日不见，您好吗	
祝贺礼貌用语	祝您节日愉快(祝您生日快乐)； 祝您生意兴隆； 恭喜发财	
告别礼貌用语	晚安或明天见(晚上休息前)； 祝您一路平安； 欢迎您再来	
征询礼貌用语	需要我帮您做些什么吗？ 您还有别的事情吗？ 如果您不介意的话，我可以…… 有劳您了(麻烦您……)； 请您讲慢点好吗？ 对不起，请问…… 麻烦您，请您……	
应答礼貌用语	不客气(没关系)； 这是我应该做的； 请多多指教； 我马上就办； 非常感谢	
致歉礼貌用语	打扰了(打扰您了)； 请原谅(抱歉……)； 实在对不起； 让您久等了； 谢谢您的提醒； 是我们的错，对不起； 请不要介意； 不好意思，打扰一下……	

续上表

分　类	常用礼貌用语	禁忌语
	内　　容	
推托礼貌用语	很遗憾； 承您的好意,但是…… 对不起,这事不好办	
其他礼貌用语	欢迎您,×先生(女士、经理、教授、主任)； 真对不起,您要的这种货刚好没有了； 这件和您要的差不多,您看可以吗？ 我很乐意为您服务； 真抱歉,请再等几分钟	

第五节　电话使用技巧

一、概述

今天,电话已经渗透到了人们生活的方方面面。在汽车维修领域,大多数的业务都需要通过电话进行联系与沟通。

但是,电话这种交往方式比较特殊,相互看不见对方的动作或表情,只能依靠语言、语音、语调来表达。当我们给不相识的人打电话时,因为看不见对方,也不了解对方,有时会出现类似下面的问题：

拨通电话后,不知道该怎么说；

说了半天对方也没有听明白你说的什么或者没有回应；

因担心被拒绝而不愿打电话；

……

为了充分发挥电话的有效作用,有必要约定俗成一些基本规则。

1. 电话的优点

(1) 实行简便,交往费用低(图3-20)。

(2) 风险低,有效果；交往工作量少。

(3) 可以亲身参与,即使与远方的人也可直接对话,有更多接触的机会。

(4) 与繁忙的人也可以有对话的机会。

(5) 可以通过语音、语调来表示自己的真实意图。

(6) 可以及时增进与维修客户的感情及相互合作。

(7) 可以对客户所提供的信息尽快确认,便于快速做出决策。

2. 电话的缺点

(1) 只能通过声音交流。

图 3-20　打电话

(2)看不见客户的反映。

(3)可以因借口繁忙而随时挂断电话,无法让对方完整地表达意思。

3.使用电话注意要素

(1)语气语调。在通话时所采用的语气语调,应该让对方感觉到自然亲切、积极自信、发音清楚、声音适中、抑扬顿挫(图3-21)。

(2)语速。语速应该采用让对方易懂且有稳定的节奏,还要注意跟着对方的节奏走。总体来说应该不快不慢,让人听得清楚。

(3)言词。根据对方的情况(年龄、地位等)选择不同的表达言词,一般来说,选择言词时,应该选择那些让对方"容易听清的、能够明白的、引发兴趣的、行业相关的"用语。

图3-21 声如其人的电话

(4)发音。采用标准的语言或者对方容易接受的方言进行通话;称呼对方的职务、姓名时,发音应该准确,不要出现错别字。

(5)打电话的时间。假如对方是公务人员,最好不要在其刚刚上班或者临近下班时打电话,因为此时往往他工作繁忙或急于下班赶车,无暇与你细谈。

二、如何打出电话

1.事先准备

(1)打电话之前,先想清楚打算表达的意思,尽量用简洁的话语表达清楚。

(2)手头准备必要的纸笔,以便记录下重要的信息。

(3)确认打算拨出的电话号码是否就是要找的人。

2.通话期间

(1)确认对方是不是要找的人。

(2)进行自我介绍。

(3)询问手机机主在本地还是在外地,征求是否继续通话。

(4)说明打这个电话的目的。

(5)征求对方是否同意交谈。

(6)具体商讨业务内容,保证通话质量的高效,避免遗漏重要信息。

(7)寻找共同话题。

(8)强调或穿插客户感兴趣的内容。

(9)为占用了客户的时间而道歉。

3.表达例句

请问:您是王经理吗?

我是运华集团的汽车维修接待员柳莺。给您打电话,打扰您了。

请问您现在是否在本地?方便通话吗?

今天给您打电话,是想征求一下您的意见:我们的维修技师在更换了您汽车上破碎了的左前照灯后,发现右前照灯的一个固定爪断了,需要一并修复,您看是更换一个右前照灯呢?还是将断了的固定爪焊接起来?

哈哈,我看还是更换一个新的好!您想啊:左前照灯已经换了,新旧两灯的玻璃色差肯定是存在的,看起来多不协调啊。当然,最后我们还是要尊重您的意见。

……

- 好的,那您亲自来看看更好。
- 就这样,明天下午三点,我在店里等您。您还要什么需要我做的吗?
- 对不起,刚才的电话,耽误您时间了,希望您别介意。

4．如何提高电话联系的成功率

(1)与新车销售人员交流,尽可能多地掌握与客户有关的信息。

(2)了解客户职业,确定是否能在他们工作时致电。

(3)确定什么时候在什么地点最有可能联系上客户。首次联系时确定这一点并记录下来。

(4)交换名片。在你的名片上写下预计跟踪调查的日期和时间,并交给客户;在他的名片上写下可以联系的最佳时间。

(5)如果客户拒接了电话,不要再次拨打。最好发短信告知,请他方便时回复你的电话。

(6)在客户的车里放置一张填好了地址、邮资已付的调查问卷,并请他填好后寄给你。

(7)向客户提供他们用得上或者感兴趣的信息。

三、如何接听电话

1．基本规则

(1)电话铃响三声之内拿起电话。

(2)问候来电者。

(3)自报单位(姓名)。

(4)询问客户是否需要帮助。

2．规则分析

为什么接听电话时有这些基本规则呢?这是因为:

(1)三声之内接听。假如电话铃响了三声之后还无人接听,客户的耐心就会减退,甚至会对公司的人员素质或经营状况产生怀疑:

①这家公司势力不行,人手不足,没有专门的办事人员;

②这家公司管理松散,工作时间办公室居然没人;

③这家公司人员素质差,明明听见客户打来的电话在响,就是不去接。

(2)问候来电者。接听电话时以问候语开始,可以向客户传达你的友好和坦诚。拿起电话应先说"您好"、"早上好"、"下午好"等问候语。

(3)自报家门。这一礼貌行为既可以让来电者知道他是否找对了人,又可以节省双方时间,及时进入通话主题。由于现在的电话基本都有来电显示,比较容易区分来电的属性,因此,向客户自报家门,就分三种情况:

第一,陌生客户给公司打来的电话。维修接待员只需报出公司的名称而不是本人的姓名,如:"您好,这里是运华集团丰田4S店,我能为您做些什么?"。

第二,接听找你本人的电话。此时来电者已知道是你,你只需说出自己的姓名,无需报公司名称了,如:

"王总,我是柳莺,您有何吩咐?"

"您好,我是柳莺,我可以帮你做点什么?"

第三,接听公司内部的电话。通常只需说出自己所属部门名称,然后报出个人姓名就足够了,如:"你好,这里是维修接待前台,我是柳莺,有什么需要帮忙的吗?"

(4)询问是否需要帮助。表明你和你的公司随时准备帮助客户,满足他们克服困难的需求,如:"早上好,我是运华集团丰田4S店负责前台接待的柳莺,你需要什么帮助吗?"。

3. 表达例句

(1)下午好,我是运华集团丰田4S店的前台接待,您需要什么帮助?

(2)是的,我是负责前台接待的柳莺,您是张经理吧?

(3)谢谢张经理,我当然记得您,您是我们非常重要的老客户啊!怎么会不记得您啊?!

(4)你是问汽车维护吗?

(5)没问题,只要你将车开来,剩下的都是我们的事情了,保证让你满意。

……

(6)您放心,现在您的车在免费维护期,与上次一样,正常的维护,无须你掏一分钱的。除了维护,您还要什么需要我做的吗?

(7)没问题,你来做维护时,我们一起给你的车玻璃贴上车膜。

(8)好的,就这样,明天下午三点,我在店里等您,期待你的光临。

(9)不客气,再见!

四、如何应对错打的电话

假如维修客户打错了电话,或者打电话找的不是本部门,或者打电话所找的部门并不主管客户所要询问的事情,这就需要给客户一个解释。

(1)如何向客户解释电话打错了。假如客户打错了电话,不要说一句"打错了"就挂断,而应该跟对方解释你这里是什么单位,在对方表示歉意后,表示没有关系,欢迎他方便时来访,等等。

(2)如何向客户解释他要找的不是本部门。假如客户打电话找的不是本部门,或者所要询问的事情由另外一个部门负责,就需要给客户一个解释。

当你打算告诉客户另外一个电话前,应该征求客户意见,询问他是否介意打另外一个电话询问。有时,客户不希望再打电话,他只是想留个口信。

告诉客户他需要打另外一个电话时,客户可能会担心"我要被推到哪里去?"所以你应告诉客户他需找什么人以及为什么要找他来解决或咨询。这样,对方就理解了。

(3)如何转达口信。假如客户不希望再打另外一个电话,只是想留个口信,那你就应该照办,并保证把口信送到当事人。毕竟,我们整个公司是一体的。

五、如何记录留言

为了记下可以使客户对你信任、也便于你同事与客户联系的留言,需按照下列步骤去做:

(1)在询问来电人姓名之前,先要告诉他要找的人不在。在告诉客户他要找的人在不在之前,如果"先问客户姓名,然后再告诉客户他要找的人不在"是不妥当,这种做法会使客户感觉到他要找的人在,是故意不接电话。因此,在询问客户姓名之前,先要告诉他要找的人在不在。如:

"我们经理不在办公室,他现在在会议室开会,请问您是哪位?"

(2)从积极的方面解释你的同事不在的原因。无论客户,还是他要找的你的同事,都不希望听到谈论过多的他的细节问题以及私生活问题。以下对话是应该避免的:

"她现在还没来。"(暗示她今天迟到了)。

"我不知道她到哪儿去了。"(表明她是一个不受纪律约束的人,无法了解其行踪)。

"她有点急事,现在不在这儿。"(表明她去干自己的私事了)。

"她请了病假。"(会引发客户问她的一些私人问题)。

而以下的回答则是属于从积极方面解释同事不在的原因:

"对不起,她现在没在。"(可能刚刚还在,也许一会就回来)

"她刚从办公室走开!"(只是刚刚走开而已)

"她现在不在办公室。"(可能去别的部门了)

"她正在开会。"(没有去办私事)

(3)说出同事回来的大概时间。如果有可能,要告诉客户同事回来的大概时间,这样可以使客户重新安排再打电话的时间,还会让客户拥有主动的感觉。

(4)记下重要信息告知同事。在告诉客户你的同事不在的同时,要主动为客户记下留言,或询问是否其他人可以帮忙。如果客户说明了打来电话的原因之后,你能够帮助他,就要尽力帮他;如果你知道其他人可以帮他,就应代为询问或介绍;如果你不能帮助,就要为客户详细记下准确的、字迹工整的留言(图3-22)。留言内容包括:

①客户的姓名、电话号码,并向客户重复一遍,确保准确无误。

②客户打电话的原因。

③客户要联系的同事姓名。

④客户打电话的具体时间。

六、如何让打电话者等候

图3-22 记录重要的电话信息

1.询问客户是否可以等候

在打算让客户等候之前,必须征得客户的同意。如果只是简单地说一句"请您稍等一会儿"是不妥当的。因为你并没有征得他的同意,然后等待他的答复。而应该说:"您是否可以等我一会儿？"

征求意见之后,应该等待客户的答复。一般来说,客户都会说"好吧"、"可以"。如果时间很紧,只说了"您是否可以等我一会儿？"还没有等到客户答复,就把电话挂了,会让客户感到震惊、甚至气愤。如果客户较长时间没有回音,可以假定他的沉默意味着同意,就可以让客户等候一会儿了。

2. 告诉客户让他们等候的原因

实践证明,如果有礼貌地告诉客户必须等候的原因,大多数客户都是能够接受的,这样,使他们等待就会变得很容易。但此时一定要为客户提供可信的信息,以免让客户误认为你是在找借口推诿,避免使用"可能是"、"不清楚"、"这不归我管"等等。建议的表达例句有：

(1)"请稍候,我需要用二三分钟时间在电脑中查找一下。"

(2)"需要等一会儿才能回答您,因为我要向经理请示一下,大概5分钟吧。"

(3)"我需要到其他部门核实一下,大概需要一两分钟"。

3. 提供时间信息

假如你向客户提供了时间信息,可以对其起到平静、安心的作用。需要提供时间信息的具体程度,取决于你认为客户需要等候的时间长度,如果需要他们等候的时间很长,就要认真地估计一下时间。一般说来,有如下三种情况：

(1)短暂等候(不超过1分钟)。等候之前,可以随意地说一句："请等一下,马上就好"。

(2)较长时间等候(2~3分钟)。这种情况下,最好不要告诉客户需要等候的确切时间,但要核实一下客户是否愿意等候。例如："我需要用两三分钟时间请示一下经理,我是过一会儿给您回电话呢？还是您现在稍等一会儿呢？"

(3)漫长等候(3分钟以上)。在这种情况下,客户往往会有怨言,最好的处理办法是在客户对你发泄怒气之前的等待期间告诉他,一有消息马上通知他,而且应该每隔1分钟左右通知他一次你所处理问题的进程。

4. 对客户的等候表示感谢

无论你是处理完了客户的问题,还是无法达到客户的要求,说一句"谢谢您的等候"都是一种很好的表达方式,因为这说明你感谢了客户的理解和耐心。比如,你正在通过座机与一位客户通话,手机响了,你告诉通过座机打电话的客户：

"对不起,您可以稍等一会儿吗？我接一下手机。"

对方同意后,你接起手机,问候了来电者,然后有礼貌地说："我正在与另外一位客户通话,很快就谈完,您愿意稍等一会儿吗？"并等待着客户的答复(图3-23)。

当客户表示同意后,你说一句"谢谢。"

2分钟之内,你打完了座机,回到手机线路,对客户说："谢谢您在等候,我能帮您做些什么？"

图3-23 同时接两个电话的接待员

七、结束通话

以一种积极的语气和恰当的用语结束通话,是圆满完成一次通话的重要象征。以下是一些结束通话的有效方式:

(1)重述打这个电话的目的及重要细节,与客户达成一致。

(2)询问客户是否需要为他提供其他服务,给客户一个最后的机会完成通话过程中没有涉及的其他事务。

(3)感谢客户打来电话,而且让他知道你非常重视他所提出的问题。

(4)让来电者先挂上电话,以免令对方感到话未讲完就被挂断电话。

(5)挂断电话后,立即记下重要信息,以免忙于他事情而忘记。

第六节　其他常用礼节

一、整洁

个人的衣着对客户有着很大影响,如果大家统一着装,只有你不打领带,或制服脏兮兮的,或与别人穿的不一样,就显得非常不协调。

当然,客户对不同岗位员工、在不同时间的整洁是有不同要求的,也就是说,客户希望你的衣着和外表符合职业需要。如果你是一名维修接待人员,乱蓬蓬的头发、脏兮兮的衣服、藏满污垢的指甲……都会令客户反感;但如果你是一名维修技师,身上沾满油渍、手上有点机油,则可能是他心目中的标准形象。反之,如果你的工作服上没有一滴油渍,皮鞋锃亮,手干干净净,客户反而会认为你根本不是维修技师,或者认为你没有给他打开过发动机罩。

二、目光交流

眼睛被人们称之为心灵的窗户。一双炯炯有神的眼睛,给人以感情充沛、朝气蓬勃的感觉;而呆滞的目光,则使人感觉到疲惫与厌倦。进行目光交流时需要注意以下事项:

(1)不论是熟人,还是初次见面的客户,见面时首先要睁大眼睛,面带微笑地与对方目光接触片刻,显示出喜悦、热情。

(2)客户走近,无论你在做什么,都要立即目不转睛地看着他的脸。当目光柔和地落在客户的脸上时,就能做到目光接触。谈话继续时,应该不时地移开目光,避免给人以尴尬。

(3)客户走近,你却低头伏案工作,不与客户进行目光接触,给会客户以你不愿意和他打交道的感觉。

(4)若你始终用锐利的目光盯着对方,会使客户不敢正视,感到紧张和不安。

(5)若发现对方长时间回避你的目光而左顾右盼,表明对方不感兴趣继续交谈,应尽快结束谈话。

(6)四种应该慎重使用的眼神:瞪眼、眯眼、斜视、紧盯。

三、握手

1. 握手方式及相关要求

（1）握手一定要伸右手，手掌垂直（图3-24）；要注视对方并面带微笑。

图3-24 握手方式

（2）如果戴有手套，应先摘下手套再握手。

（3）握手时，伸手的先后顺序是主人在先、女性在先、长者在先、上级在先。

（4）握手时间的长短视关系亲近的程度，一般在2~3秒或4~5秒，关系亲近的可较长时间相握。

（5）握手力度不宜过猛或毫无力度。握手过猛，属于非礼，握手太轻，让对方觉得你在敷衍他；男性对同性，可稍重些，对女性则应轻柔些。

（6）一人面对众多客户，相见时不可能一一握手，可以用点头礼、注目礼、招手礼代替。

2. 几种不当握手的形式

（1）别人主动与你握手，你却有意躲避；

（2）用左手握手；

（3）戴手套握手；

（4）手不清洁握手；

（5）握手时没有注视对方的眼睛；

（6）握手用力太猛，把对方握痛；

（7）强行握手；长时间握手；

（8）多人交叉握手；

（9）与一人握手的同时转头跟其他人说话；

（10）握手时摆动幅度过大；

（11）握手时用一条胳膊搂抱客户的肩膀或拍打客户后背；

……

四、鞠躬

鞠躬是表达敬意、尊重、感谢的常用礼节。鞠躬时应从心底发出对对方表示感谢、尊重的意念，从而体现于行动，给对方留下诚意、真实的印象。

鞠躬要在优雅站立的基础上实现。行鞠躬礼应停步，两臂自然下垂，躬身15°~30°，头跟随向下，并致问候语。当与客人交错而过时，应面带笑容，可行15°鞠躬礼，以示礼貌及打招呼；当迎接或相送客户时，可行30°鞠躬礼；当感谢客户或初次见到客户时，可行45°鞠躬礼（图3-25）。

鞠躬时不可采用这样的方式：

(1)边工作边鞠躬；
(2)戴着帽子鞠躬；
(3)只是点头式的鞠躬；
(4)看着对方的眼睛鞠躬；
(5)一边摇晃身体一边鞠躬；
(6)双腿没有并齐的鞠躬；
(7)驼背式的鞠躬,或者可以看到后背的鞠躬；
(8)鞠躬速度太快；
(9)上身不动,只膝盖处弯曲,歪歪头的丫鬟式鞠躬；
(10)起身过快的鞠躬；
(11)连续地、重复地鞠躬；
……

图 3-25　鞠躬

五、名片

名片是重要的社交工具之一。名片通常包含两方面意义：一是标明所在的单位,另一个是表明职务、姓名及承担的责任。

1. 名片的准备

名片不要和钱包、笔记本等放在一起,原则上应该使用名片夹；名片可放在上衣口袋,但不可放在裤兜里；要保持名片或名片夹的清洁、平整。

2. 递名片

(1)递名片的次序是由下级或访问方先递名片,如遇介绍,应由先被介绍方递名片。
(2)递名片时,应双手递出,并报出自己的姓名,说些"请多关照"、"请多指教"之类的寒暄语。
(3)互换名片时,应用右手拿着自己的名片,左手接到对方名片后,用双手托住。互换名片时,也要看一眼对方的职务、姓名等。
(4)遇到难认的字,应事先询问,避免错叫了对方的姓名。
(5)在会议室,如遇到多人相互交换名片时,可按对方座次的排列顺序交换名片。

3. 接收名片

(1)起身接收名片。
(2)用双手接收名片。
(3)接收名片时,要认真地看一眼。
(4)接收的名片不可来回摆弄。
(5)不要将对方的名片遗忘在座位上,或存放时不注意落在地上。

交换名片方式如图 3-26 所示。

六、手势

手势在人际交往中有着重要作用,它可以加重语气,增强感染力(图 3-27)。

图3-26　交换名片

图3-27　表示加强的手势

1. 单独用手表示

单独用手表示的手势有：

(1)张开手(四指并拢,拇指伸开)。表示邀请向某一方向走或朝某一方向看。

(2)合拢手(伸出食指指着)。这种手势表示命令,而不是邀请。用这种手势来指向人是不礼貌的,尤其是在很近的范围内用这种手势指着别人的脸。

2. 用手和其他物品表示的手势

用手和其他物品表示的手势有：

(1)不停地转动手中的笔,表示很不自在或正陷入沉思。

(2)用手指叩击桌子,表示不耐烦或失望。

(3)抖动衣袋里的硬币或钥匙,意味着:"我很着急,我要离开!"

(4)把笔帽套在钢笔上,并装入衣袋,表示准备结束这次谈话。

3. 不当手势

不当手势,如：

(1)手势太频；

(2)手势动作太大；

(3)把手紧贴在身体两侧,缺乏手势；

(4)手势太少；

……

七、身体动作

1. 表现热心倾听的动作

表现热心倾听客户谈话的动作:注意力集中,微微点头；面向客户,用心倾听；向前倾身,主动加入谈话。

(1)点头。当客户向你不停地讲解某件事的细节时,你不插话,但又希望让他知道你正在听,点头就特别有效。

点头有一定规则:偶尔点头表明正在倾听；持续不断点头表露了不耐烦的情绪；谈话间歇仍在点头,表明根本没有留意他所说的。

当然,也有一些不恰当的点头方式:客户饶有兴趣地向你述说,你却没有一点反应；机械性地点头;毫无表情地点头。

(2)面向客户。把身子转向客户,这是在向他传递一个信息:他得到了你全部的、毫无分散的注意力(图3-28)。

(3)向前倾身。与客户交谈,假如你不想结束谈话,就要轻轻向前倾身,从而让客户了解你对他所说的话很感兴趣。

2. 想结束谈话的身体动作

客户想结束谈话时的身体动作,如:

(1)面部无任何表情;

(2)心神不安,毫不关心你的话题;

(3)身体向后靠或走开;推开椅子;

(4)收拾文件;

(5)在你仍在讲话时收拾公文包;

(6)不停地看表;

……

图3-28　认真交谈

八、客人接待的一般程序

1. 客人来访时

客人来访时,接待程序参照表3-5。

客人来访接待的一般程序　　　　　　　表3-5

内容	所使用的语言	处理方式
打招呼	您好!(早上好!下午好!) 欢迎光临	马上起立; 目视对方,面带微笑,握手或行鞠躬礼
询问客人姓名	请问您是…… 请问您贵姓?找哪一位	必须确认来访者的姓名; 如接收客人名片,应重复"您是××公司×先生"
事由处理	请稍候。 对不起,他刚刚外出公务,请问您是否可以找其他人或需要留言	尽快联系客人要寻找的人; 如客人要找的人不在时,询问客人是否需要留言或转达,并做好记录
引路	请您到会议室稍候,××先生马上就来。 这边请	在客人左前方2~3步前引路,让客人走在路的中央
送茶水	请! 请慢用。 请喝茶(水)	保持茶具清洁; 摆放时要轻; 行鞠躬礼后退出
送客	欢迎下次再来。 再见(或再会)	表达出对客人的尊敬和感激之情; 道别时,招手或行鞠躬礼

2. 访问客户

访问客户时,需要注意以下几点:

(1)访问前应与对方预约时间、地点及目的,并将访问日程记录下来。

(2)遵时守约,前往拜访。

(3)到达访问单位的前台时,先做自我介绍。如:"我是同×先生预约过的运华集团的×××,能否通知一下×先生"。如果访问单位没有前台,应向附近人员询问。

(4)如果被访问人繁忙,可以先去办理其他事情或在其他时间再来访问。如:"您现在很忙,那么我们约在明天×点再见面,好吗?"

(5)如需等候访问人时,可听从访问单位接待人员的安排,在会客室或办公室等候。可以边等候边准备使用的名片和资料文件等。

(6)看见被访问人后,应起立(初次见面,递上名片)问候。

(7)如遇到被访问人的上司,应主动起立(递上名片)问候,会谈重新开始。

(8)会谈时,要注意谈话或发言不要声音过大,会谈尽可能在预约时间内结束。

(9)告辞时,要与被访问人打招呼道别。

3. 办公礼仪

在办公时间,办公人员一言一行均需注意必要礼仪,如果能掌握它,就会使工作变得更加自如,客户也会产生宾至如归感觉。

办公室礼仪主要内容见表3-6。

办公室礼仪一览　　　　　　　　　　　表3-6

内容	要领
办公秩序	(1)上班前的准备: 充分计算时间,保证准时出勤; 如有可能缺勤、迟到,应提前跟上司联系; 计划当天的工作内容。 (2)在办公室: 不要私下议论、窃窃私语; 接待柜台应保持清洁,办公用品排列整齐; 以饱满的工作态度投入到一天的工作之中; 离开座位时,将去处、时间及办事内容写在留言条上以便他人安排工作(应将机密文件、票据、现金和贵重物品存放好),将办公台面整理好,椅子放回办公台下。 (3)在走廊、楼梯、电梯间: 走路要舒展肩背,不要弯腰、驼背,有急事也不要跑步,可快步行走; 按照右侧通行原则,如在反方行走遇到迎面来人时,应主动让路; 遇到客人找不到想要去的部门时,应主动为其指路,在电梯内为客人提供正确引导。 (4)午餐: 不得提前下班就餐; 在食堂内,遇人要礼让,排队有秩序,饭菜不浪费; 用餐后,保持座位清洁。 (5)在洗手间、茶水间、休息室: 上班前、午餐后等人多的时间,注意不要影响他人,要相互礼让; 不要忘记关闭洗手间、茶水间的水龙头,如发现没有关闭的水龙头,应主动关好; 注意保持洗手间、茶水间、休息室的清洁、卫生。 (6)下班: 下班前将待处理的工作记录下来,以方便第二天的工作; 整理好办公桌上的物品、文件(机密文件、票据和贵重物品存放好); 不提前下班

续上表

内　容	要　领
办公室规定	(1)办公室内严禁吸烟、喝茶、看报、闲聊。 (2)进入他人办公室,必须先敲门,再进入;已开门或没有门的情况下,应先打招呼(如"您好"、"打扰一下"),再进入。 (3)传话时不可交头接耳,有条件时可以使用记事便签传话;传话给客人时,不要直接说出来,而是应将事情要点转告客人,由客人与待传话者直接联系。 (4)从办公室退出时,按照先上司、后客人的顺序打招呼后退出。 (5)若会谈中途上司到来,必须起立,将上司介绍给客人,并向上司简单汇报会谈内容,然后重新开始会谈
引路	在走廊或院落引路时: (1)应走在客人左前方的2~3步处。 (2)引路人走在走廊的左侧,让客人走在路中央。 (3)要与客人步伐保持一致。 (4)引路时要注意客人,适当做些介绍。 (5)拐弯或有台阶的地方应使用手势,并提醒客人"这边请"或"注意楼梯"等
	在楼梯间引路时: 让客人走在正方向(右侧),引路人走在左侧
开门	向外开门时: (1)先敲门,打开门后把住门把手,站在门旁,对客人说"请进"并施礼。 (2)进入房间后,用右手将门轻轻关上。 (3)请客人入座,安静退出。此时可用"请稍候"等语言
	向内开门时: (1)敲门后,自己先进入房间。 (2)侧身,把住门把手,对客人说"请进"并施礼。 (3)轻轻关上门,请客人入座后,安静退出
搭乘电梯	电梯没有其他人的情况: (1)在客人之前进入电梯,先按住"开"的按钮,再请客人进入电梯。 (2)如到大厅时,按住"开"的按钮,请客人先下
	电梯内有人时: 无论上下都应客人、上司优先
	电梯内: (1)先上电梯的人应靠后面站,以免妨碍他人乘电梯。 (2)电梯内不可大声喧哗或嬉笑吵闹。 (3)电梯内已有很多人时,后进的人应面向电梯门站立
电话	参见电话使用技巧
文明用语	参见常用礼貌用语和禁忌语

4. 自我检查

虽然办公室工作有一定的礼仪了,我们自己也注意去做了,但做的效果如何,还需要进行自我检查。只有将发现的问题及时改进了,才能取得更大进步。

第七节　客户喜欢的维修接待员

根据统计,客户喜欢与不喜欢的维修接待员各有10种,见表3-7。

客户喜欢与不喜欢的维修接待员　　　　　　表 3-7

维修接待员的10个"一点"	客户喜欢的10种维修接待员	客户不喜欢的10种维修接待员
(1)微笑多一点。	(1)着装整洁、举止从容。	(1)衣着邋遢、仪容不佳。
(2)理由少一点。	(2)诚实守信、办事高效。	(2)常说空话、随意承诺。
(3)度量大一点。	(3)说话随和、态度诚恳。	(3)态度生硬、难于接近。
(4)脾气小一点。	(4)百问不厌、态度和蔼。	(4)办事拖拉、效率低下。
(5)嘴巴甜一点。	(5)实事求是、不说大话。	(5)行为举止、不拘小节。
(6)行动快一点。	(6)办事认真、责任心强。	(6)不善沟通、缺乏亲和。
(7)做事勤一点。	(7)办事公道、不谋私利。	(7)浓妆艳抹、奇装异服。
(8)效率高一点。	(8)换位思考、心系客户。	(8)知错不改、自以为是。
(9)讲话轻一点。	(9)虚心讨教、认真改进。	(9)欺蒙客户、谋取暴利。
(10)脑筋活一点。	(10)严肃活泼、善于应变	(10)办事教条、不善应变

复习思考题

1. 汽车维修接待有何作用?
2. 汽车维修接待员有哪些职责?
3. 汽车维修接待员应该具备哪些基本素质?
4. 汽车维修接待包括哪10个环节?
5. 维修结束,向客户交车时,应该注意哪些问题?
6. 接待人员的仪表、仪容与仪态,主要包括哪几方面?
7. 与客户交谈时,主要应该注意哪些?
8. 使用电话时,重点需要注意哪几个基本要素?
9. 握手时有哪些要求?
10. 客户喜欢的10种维修接待员分别是什么样的?

工作页

汽车维修服务接待工作页(自我检查)

教师布置日期：　　年　　月　　日　　　　　个人完成时间：　　　　　(分钟)

问题：	任务：
一名刚参加工作不久的维修接待人员,应该如何注意自己的言行,做好客户接待工作?	作为一名汽车维修接待人员,你应该做好工作区域的自我检查,准确把握接待客人的基本要求。

续上表

接待要点：	

项目	检查要点	注意事项
办公室内的自我检查	头发是否干净、整齐？ 衬衫、外套是否清洁？ 指甲是否过长？ 皮鞋是否光亮、无尘？ 上班5分钟前是否已就位？ 上班是否相互打招呼？ 走廊内有无奔跑？ 办公时有无窃窃私语？ 有无向正在计算或写字者发问？ 外出时，有无留言？ 有无在办公区吸烟？ 有无在办公室进食？ 是否整理了用过的公共物品？ 是否将垃圾主动拾起？ 对公共物品是否爱护？ 在茶水间、洗手间、走廊内有无站着闲谈？ 午休或下班时有无整理办公桌？ 下班时是否相互打招呼？	

续上表

项目	检查要点	注意事项
接待客人的自我检查	对客人是否面带微笑？ 在走廊遇到客人时，有无让路？ 遇到客人是否马上接待或引导？ 是否双手接收名片？是否认真看过一遍？ 接待客人，能否将客人姓名、公司名称、事件正确传达给他人？ 引路时是否照顾到客人感受？ 转弯时是否提醒客人注意？ 在电梯内我是如何引导客人？ 在电梯内是否告知客人所要去的地方和楼层？ 是否了解开门、引导客人顺序？ 进入会客室时是否敲门？ 是否保持会客室的清洁？ 是否了解会客室主座的位子？ 使用茶具是否清洁？ 客人久等时，是否中途出来向客人表达歉意？ 介绍时是否是从下级开始？ 送客人时，是否看不见客人背影后才离开？	

学习纪要：

汽车维修服务接待工作页(电话沟通)

教师布置日期： 年 月 日　　　　　　　　　个人完成时间：　　（分钟）

问题： 在各种情况下,你如何给客户通电话?	任务： 　作为一名汽车维修接待人员,你应该学会正确使用现代通信工具电话,包括打出电话、接听电话、转接电话等。
电话使用要点：	

项目	检查要点	注意事项
自我检查内容	电话机旁有无准备记录用纸笔? 有无在铃响三声之内接起电话? 接起电话有无说"您好"? 对客户有无使用专业术语,简略语言? 是否打电话时,让对方猜测你是何人? 是否正确听取了对方打电话意图? 是否重复了电话中的重要事项? 要转达或留言时,是否告知对方自己的姓名? 拨打电话时,有无选择对方不忙的时间? 拨打电话时,有无准备好手头所需要的资料? 拨打电话时,有无告知对方结果、原委? 接到打错电话,有无礼貌回绝? 接到投诉电话,有无表示歉意? 说话是否清晰,有条理? 是否拨打私人电话? 电话听筒是否轻轻放下?	

续上表

项目	检查要点		注意事项
	通话方式	通话过程	评价内容
通话角色扮演	打出电话	事先准备	□想清楚要说什么了吗？ □手头准备了纸与笔了吗？ □准备拨出的电话号码对吗？
		开场白	□确认对方 □自我介绍 □对方在本地还是外地 □电话的目的 □对方是否愿意交谈
		正题	□商讨业务内容 □寻找共同话题 □特别强调客户会感兴趣的话题
		结束语	□重述目的及重要细节，与客户达成一致 □询问客户是否需要为他提供其他服务 □约定具体日期和时间 □等对方挂上电话再挂电话 □挂断电话，立即记下重要信息
	接听电话	事先准备	□是谁来的电话 □铃响三声之内接了吗
		开场白	□问候对方 □自报家门
		正题	□询问客户是否需要帮助 □寻找共同话题
		结束语	□重述目的及重要细节，与客户达成一致 □询问客户是否需要为他提供其他服务 □约定具体日期和时间 □等对方挂上电话再挂电话 □挂断电话，立即记下重要信息

续上表

项目		检查要点		注意事项
通话角色扮演	应对错打的电话	事先准备		□铃响三声之内接了吗
		开场白		□问候对方 □自报家门
		正题		□告知对方本公司不是他要找的 □征求意见,看他是否愿意找另外一个部门 □是否需要你来转述一个口信 □告诉对方一个正确的电话号码
		结束语		□等对方挂上电话再挂电话 □挂断电话,立即记下需要转述的口信
	记录留言	事先准备		□铃响三声之内接了吗
		开场白		□问候对方 □自报家门
		正题		□告知对方他要找的人不在 □询问对方是谁 □从积极的角度解释同事不在 □告知对方同事回来的大概时间
		结束语		□等对方挂上电话再挂电话 □挂断电话,立即记下重要信息转告同事
	让来电者等待	事先准备		□铃响三声之内接了吗
		开场白		□问候对方 □自报家门
		正题		□询问客户是否可以等候 □告诉客户让他们等候的原因 □提供需要等待的时间信息 □对客户的等候表示感谢
		结束语		□等对方挂上电话再挂电话 □挂断电话,立即记下重要信息

学习纪要:

汽车维修服务接待工作页(客户接待)

教师布置日期：　　年　　月　　日　　　　　　个人完成时间：　　　　(分钟)

问题：	任务：
一名中年的(或年轻的、老年的)、缺乏汽车基本知识的(或有一定汽车基本知识的)男性车主(或女性车主)，开着自己5年车龄(或1年车龄)的车来店维修。反映自己的汽车发动机工作不稳定。	作为一名汽车维修接待人员，你应该如何依据车主的性别、年龄、职业、车型、车龄以及对汽车知识的掌握程度，做好对他的接待工作？
接待要点：	

项目	工作步骤	注意事项
基本礼仪	(1)如何注意自己的仪容、仪表？	
	(2)是否与客户握手？	
	(3)如何与客户打招呼及交谈？	
	(4)如何接待客户？	
接待环节	(1)服务	
	(2)询问	
	(3)检查	
	(4)合同	
	(5)开单	
	(6)推销	
	(7)跟进	
	(8)收费	
	(9)交车	
	(10)跟踪	

续上表

项目	工作步骤		注意事项
电话跟踪	准备	（1）是否准备了客户的相关资料？ （2）是否准备了打算提供给客户的信息？ （3）客户的电话号码没有错吧？	
	拨电话	你问候客户了吗？	
	确认客户	（1）接电话者，是你要找的客户吗？ （2）你在电话中感谢客户了吗？ （3）你询问客户是否方便通话了吗？	
	陈述意图	你告诉客户打这个电话的原因了吗？	
	调查维修情况	（1）你询问客户汽车维修后的使用情况了吗？ （2）客户满意吗？	
	向客户提供相关信息	你是否告知了客户本店正在或将要开展的服务项目？	
	感谢客户与你交谈	你在道别时，感谢客户了吗？	

学习纪要：

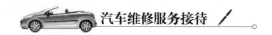

汽车维修服务接待实务工作页(接待实训)

教师布置日期： 年 月 日　　　　　　　　个人完成时间：　　　（分钟）

问题：	任务：
学习了维修接待的相关知识，必须在实践中才能灵活运用，假设客户只是来店进行常规维护，应该如何进行接待？	以客户进店进行常规维护为工作任务，演练维修接待工作。
维修服务接待实务要点：	

维修服务接待实务准备表

序号	设备设施	单位	数量	备注
1	汽车	辆	1	现成轿车
2	维修接待台及椅	个/把	1/2	
3	洽谈桌及椅	个/把	1/2	
4	收银台及椅	个/把	1/2	
5	饮水机	个	1	
6	饮料、纸杯		若干	
7	接车板夹	个	2	
8	笔	支	2	
9	电脑	台	1	
10	打印机	台	1	
11	白手套	副	2	
12	三件套	套	若干	
13	维修手册	本	1	
14	计时器	个	1	

续上表

考核内容		分值	评 分 要 点	得分
\multicolumn{4}{c}{配件管理教师考核表（建议用时:30分钟）}	

考核内容		分值	评 分 要 点	得分
A选手	礼迎客户	5	热情、礼貌迎接客户,并与客户良好沟通	
	环车检查	20	(1)规范正确地邀请客户进行环车检查,并唱检主要项目和结果; (2)发现贵重物品时,提醒客户取走; (3)了解车辆使用状况及存在问题,有缺陷时建议维修(备注:实做发动机机油液面和油质检查;实做前照灯远、近光检查,A选手配合B选手进行灯光检查)	
	增项推荐	10	(1)挖掘潜在需求,推荐增项服务; (2)提供专业建议和人文关怀	
	项目确认	5	规范正确地进行项目确认	
	异议处理	10	关注客户反应,针对客户异议热情作答,消除客户疑虑	
	礼仪规范	5	(1)着装整洁,表情和蔼可亲; (2)姿态正确、自然大方; (3)声音清晰,语音语速适中,语句流畅	
B选手	交车准备	5	规范正确地进行交车前的各项准备工作	
	车辆验收	15	规范正确地陪同客户进行车辆验收,提供人文关怀(下次维护时间,用车注意事项等)	
	核单结账	5	(1)陪同客户至收银台处,向客户解释收费项目; (2)请客户核对结算单(模拟),并签字付款(模拟)	
	礼送客户	5	与客户道别,目送客户	
	异议处理	10	关注客户反应,针对客户异议热情作答,消除客户疑虑	
	礼仪规范	5	(1)着装整洁,表情和蔼可亲; (2)姿态正确、自然大方; (3)声音清晰,语音语速适中,语句流畅	

学习纪要：

备注：一名选手竞赛时,另一名选手在指定座位就座(根据需要,上场配合);所有选手完成竞赛后,同时退场。

第四章　汽车维修服务管理

学习目标

通过本章学习，你应能：

1. 了解早会制度的优点、在汽车维修企业"5S管理"的拓展、签订维修合同的必要性、汽车保险的购买等；

2. 熟悉"5S管理"的作用、维修合同签订的原则及范围、对客户的基本服务模式、在修车保管注意事项、客户自带配件的管理、修竣交车程序、车辆返修的管理、常见汽车保险产品、减少客户抱怨的渠道、客户档案的形成等；

3. 掌握早会的流程、"5S管理"的实施纲要、汽车保险的索赔、客户档案的建立与使用等；

4. 重点掌握维修合同的内容、客户抱怨的处理技巧。

第一节　早会管理

在每个工作日正式开始之前召开早会，可以给员工之间的相互交流提供一个平台。便于沟通感情，交流信息。

利用早会，可以将维修企业在昨日的经营过程中出现的新问题进行交流，将今日计划的新内容进行安排。同时，还可以传达上级指令、汇报工作进展、交流工作经验。从而使每位员工都非常清楚地了解公司的经营方针政策、市场运转情况、个人工作方向，提高自己的工作效率。

通过早会，可以对全体职工进行汽车维修品质观念的灌输，动员全体职工重视汽车维修的质量，提高客户满意度。

通过早会，可以对产品的质量实施追踪、对员工的行为进行管理。通过对昨天工作的回顾，对产品品质异常的检讨、分析、矫正，总结经验，持续改进，逐步提高。

通过早会，可以培养企业主管的权威、形象、风范、气质，给企业主管提供一个良好的锻炼环境及与员工沟通的渠道。

通过早会，可以对职工的工作教养、工作伦理、工作习惯加以规范，使其向着企业文化的方向不断改进，最终达到提升全体员工素质的目的。

一、早会制度优点

1. 调整员工精神面貌

俗话说："一年之计在于春，一日之计在于晨"。员工全天精神面貌的好坏，关键在于早晨是否能有一个良好的开端。

因此,利用早会的规范要求,让员工意识到新的一天开始了,在意识上自觉调整自己的精神面貌,对自己喊一声:"嘿,新的一天开始了,我要加油了!",然后以最好的精神状态投入到工作中去。

2. 培养员工观念

早会作为企业的一项制度,需要严格执行。

在早会上,通过对员工一些具体行为提出明确要求,如不准迟到、统一着装、不准喧哗等,来培养员工的时间观念、纪律观念、形象观念等。这些观念的培养,既可以提高职工个人的素质,也可以增强企业的凝聚力,向社会展示自己良好的企业形象。

3. 统一员工思想

通过早会,既能把企业眼前存在的问题及时解决,也能使员工的不良思想、行为尽快地反映出来,使员工及时而充分地认识自己、改正自己、提高自己。

4. 沟通信息渠道

召开早会时,各部门均要汇报工作情况,这就有利于相互之间的信息沟通,从而提高了工作效率,促进了企业的经营。

5. 指导当天工作

召开早会时,要由主管对昨天的工作进行总结,并布置当天任务,从而使各部门明确当天的工作目标,便于迅速展开工作。

6. 员工交流平台

早会召开过程中,参会者要展开一系列的学习活动,如成功案例的分享、失败教训的总结、技术经验交流等。这相当于给员工提供了一个良好的学习交流平台,可提高企业的学习氛围和员工的知识水平。

7. 提高管理能力

早会是锻炼与培养企业管理人员的一种很好的形式。

早会制度有利于把管理工作细化到车间、班组、个人。实施这一制度,有利于培养各级管理人员的目标任务观念;有利于提高管理人员的语言表达能力;有利于强化管理人员的检查、监督、执行力度。

通过召开早会,各级管理人员的领导能力、协调能力、表达能力、策划能力都能得到提高。

8. 体现民主管理

在召开早会的过程中,员工与员工之间,员工与领导之间可以互相监督。无论是谁,只要违反了早会制度或企业的其他制度,都要按照规定当场采取一定的惩罚措施,并且还要当众进行"三讲"表态(为什么错?以后怎么做?再违反怎么办?)。

这种监督,透明度很高,可以极大地提高全体员工的主人公思想,便于汽车维修企业内部各种规章制度的推行。久而久之,一种良好的厂风、厂纪、厂貌就会形成,有利于民主管理体制之下的企业运行。

二、早会流程

在汽车维修企业,早会一般按照如下流程进行。

(1)整理队伍,检查出勤人数(1分钟)。主持人发出:
"立正",
"向右看齐",
"向前看",
"稍息",
"报数"等口令时,发音要洪亮,口令要灵活。

队伍整理好之后,各部门向主持人报告本部门应到人数、实到人数、缺席人数、缺席人员姓名等,以便于统计与考勤。

(2)学习客户服务知识或汽车维修技术知识(2分钟)。检查考勤之后,主持人说:
"各位同事,早上好!"
同事们齐声回答"好!很好!"
"今天是×××年×月××日,今天的早会由我来主持。今天早会的主要内容有……"由此切入早会的主题。

(3)对客户接待区域、维修工具设备、整体环境卫生、岗位职责履行情况等项目交互检查、考核(3分钟)。在此阶段,要避免相互之间的打掩护、走过场,要对弄虚作假行为有追究机制,切实起到检查、监督作用。

此阶段也可以在早会集合之前完成,早会时汇报检查结果。

(4)对阶段性的重大活动进展情况进行检查或总结(1~2分钟)。

(5)由维修接待部门、其他业务部门汇报维修车辆进厂情况、客户跟踪情况、对客户抱怨的处理结果等(1~2分钟)。

(6)由负责人(或主持人)总结前一天工作,布置当天工作(1~2分钟)。

(7)主持人宣布早会结束。早会议题完成后,主持人做简单总结,宣布:
"今天的早会到此结束,谢谢大家!"
员工击掌三下"嘿!嘿!!嘿!!!"离开会场。

早会现场如图4-1所示。

图4-1 汽车维修企业的早会

三、早会注意事项

1. 达成共识

一个企业的早会制度,必须得到全体参会人员的普遍认可,起码也应该得到班组长以上成员的认可。在大家都感觉没有必要召开早会,内心有所抵触的情况下,强行推行该项制度,不会收到预期效果。

2. 规模适度

早会的参会人员不宜过多、过少。假如参会人员过多,势必拖延时间;另外,假如早会参会人员过多,多数人会感觉到早会的许多内容与自己无关,这就可能会影响参会人的情绪;

假如参会人员只有两三个人,也无法营造必要的氛围。

如果一个单位的部门、人员过多,可以分部门组织早会。而作为总部,则可以定期召集部门负责人的"周会"、"旬会"。

3. 时间控制

由于早会需要天天开,而每位员工每天都有各自的工作任务,因此,早会时间不能太长,一般以 10~15 分钟为宜。超过 15 分钟,就有可能会影响工作,而且容易引起大家的普遍反感。

早会一定要按时召开、按时结束。无故取消早会、到点不开早会的做法都会让职工对这一制度不再信任。召开早会时,切忌对一件事情反复唠叨,更不能利用早会漫无边际、东拉西扯地说个没完,令站立的听众心生厌倦。这样既影响了纪律,又降低了主持人的威信,使早会的效果在员工心目中大打折扣。

4. 队伍整理

整理队伍是早会的第一项内容,也是能调整员工精神面貌最重要的项目,一定要认真对待,尽可能按军训要求去做。

负责整理队伍的人,最好有一定的军事素质。

5. 纪律严明

召开早会,一定要求员工统一着装、按时参加。

召开早会过程中,员工统一站姿(图 4-2),不允许交头接耳、低头沉思、收发短信、打接电话、大声喧哗等。

图 4-2 空姐例会站姿

主持人要注意自己的形象,对会议内容事先有所准备,不能出现内容不熟、结巴口吃等现象。

对于迟到、早退、旷会以及在会议过程中违反相关规定的人员,一定要通过"事先制定规章制度,过程之中严格要求,假如违反严肃处理"的办法来制约,只有这样,大家才能在思想意识上充分重视早会。

一定要牢记:凡是优秀的团队,一定是纪律严明,守时守信的。

6. 内容丰富

早会的组织和内容要及时更换,不能千篇一律。

早会内容一定要围绕汽车维修企业经营的实际情况,进行及时调整,这样才能大大调动参会人员的积极性。

其实,要想将早会办得有声有色并不困难,关键是看主持人是否能够:及时发现问题,找到合适话题;事先做好准备,选择恰当方式;过程组织多样,调动员工兴趣。

假如可以做到这些,就会激发大家的参会积极性。

7. 记录总结

早会召开过程中,一定要有专人进行现场记录,这样才能便于总结提高,也便于检查监督。早会记录样表见表4-1。

表4-1 ××××公司早会记录表(样表)

年 月 日		主持人:	记录人:
考勤情况	办公室:应到　人;实到　人。　财务部:应到　人;实到　人。 业务部:应到　人;实到　人。　维修部:应到　人;实到　人。 迟到人员:　　　　　　　　　出差人员: 请假人员:		
早会内容	业务学习		
	交互检查		
	问题反映		
	责任落实		
	情况通报		
	工作布置		
备注			

第二节　汽车维修接待的5S管理

维修接待是汽车维修企业与客户打交道最直接的窗口。其良好的环境有助于提升企业形象,有助于提升维修服务质量,有助于提高现场管理效率,有助于降低生产成本,值得下大气力做好。

在汽车维修接待领域引入"5S管理"模式,是一种值得推广的做法。

当然,在汽车维修接待领域引入"5S管理"模式,绝不仅局限于"接待柜台"这一狭义的区域概念,而是指需要为客户提供服务的所有场所。

一、5S 管理概述

"5S 管理"起源于日本,是指在生产现场,将人员、设备、材料、方法等生产要素进行有效管理的一种方法。

所谓"5S 管理",是指整理(Seiri)、整顿(Seiton)、清扫(Seiso)、清洁(Seiketsu)和素养(Shitsuke)。由于这 5 个单词首个音节发音都是"S",所以统称为"5S"(图4-3)。

实施"5S 管理",是通过规范"三现"(现场、现物、现实),营造一目了然的舒心工作环境,培养员工良好的工作习惯,提升员工品质,达到如下效果:

(1)认认真真对待工作中的每一件小事;
(2)遵守企业的各项操作规定、纪律规定;
(3)自觉维护工作环境的整洁明朗;
(4)对待客户、同事、领导,均能做到文明礼貌。

对于某些没有实施"5S 管理"的汽车维修企业,车间脏乱(如地板上到处都是垃圾、油污;零件与箱子摆放得杂乱无章;需要使用的工夹具、零配件不知道放在了何处,大量的时间花费在了寻找物品方面),显现了脏污与零乱的一片景象。员工在这样的作业环境中显得松松垮垮,所有规定的事项,只有起初两三天可以被遵守。

要想改变这样的工作面貌,实施"5S 管理"活动最为适合。

图 4-3　5S 管理

二、5S 管理实施纲要

1. 整理(Seiri)

1)定义

图 4-4　整理

所谓整理,是指将工作场所的一切物品区分为"有必要的"与"不必要的"。然后将"必要的"与"不必要的"明确区分开来,"不必要的"物品尽快处理掉(图4-4)。

在整理过程中,需要引入正确的价值意识,这个价值不是物品的原始购买价值,而是其现实使用价值。

判别时,重点把握"要与不要,留与弃"的标准。

2)目的

在汽车维修接待中,会有一些已结的客户资料;在汽车维修过程中,会有一些更换下来的旧件、待修品、返修品、报废品等滞留在现场,包括一些已经无法使用的工夹具、量具、机器设备等。这些物品既占据了地方又阻碍了生产,如果不及时清除,就会使现场变得凌乱。

在整理之前,必须明白这样的道理:
(1)生产现场摆放不需要的物品是一种浪费;
(2)摆放物品过多,即使再宽敞的工作场所,也将变得窄小;
(3)棚架、橱柜等被杂物占据,会减少使用价值;
(4)摆放凌乱,会增加寻找工具、零件等物品的困难,浪费了时间,降低了效率;
(5)物品杂乱无章地摆放着,会增加盘点的难度,使成本核算失准。
因此,整理的最终目的是:
(1)腾出空间,使生产空间发挥最大效用;
(2)防止误送、误取、误用;
(3)塑造清爽的工作场所。

3)注意点
(1)在工作岗位上只放置必需的物品。
(2)及时处理垃圾。
(3)把长期不用的东西放回仓库。

4)实施要领
(1)将各自负责的汽车维修接待区域、汽车维修作业区域、汽车清洗区域全面检查,包括那些眼睛看不到的地方。
(2)制定相关物品"要"和"不要"的判别基准。
(3)依据各项物品"要"和"不要"的判别基准,将"不要"的物品清除出工作场所。
(4)对需要的物品评价使用频度,决定日常用量及放置位置。
(5)制订废弃物品处理方法(包括处理方式、处理周期、责任人),并严格实施。
(6)每日自我检查一次。

5)维修接待区"要"与"不要"的标准
(1)"要"的:电话、需要使用的办公用品、美化环境用的海报及看板、正在推行中的活动海报及看板、有用的杂志、报表、其他物品等。

(2)"不要"的:废纸、杂物、烟蒂、不再使用的办公用品、旧的书报、过期的报表、蜘蛛网、过期的海报及看板、过时的日历及标语、损坏的时钟、过期的指示牌等。

2. 整顿(Seiton)

1)定义
所谓整顿,是指对整理之后留在现场的必要的物品分门别类地放置。做到:明确数量、排列整齐、有效标识、取用快捷(图4-5)。

2)目的
(1)使工作场所一目了然,营造整整齐齐的工作环境。
(2)消除过多的积压物品。
(3)消除找寻物品所造成的时间浪费。

3)注意点

图4-5 整顿

有效整顿是提高工作效率的良好基础。
(1)整顿的结果要达到任何人都能立即取出所需物品的状态。
(2)要站在新职员和其他岗位职员的立场来看,哪样东西该放在什么地方更为方便。
(3)存放的原则应该是能使物品立即取出,把"寻找"的时间减少到最低。
(4)物品使用之后,要能容易恢复原位,没有恢复或误放时能马上被发现。
4)实施要领
(1)督促检查整理的完整性,有效落实整理中确定的全部内容。
(2)在整顿工作中体现"三定原则——定点、定容、定量":
①定点——物品放在哪里最合适。
②定容——存放物品需要多大的空间,是否需要使用容器。
③定量——每次、每处存放的物品,多少数量才是最合适的。
(3)在整顿工作中体现"三固定——场所、方法、标识"(图4-6):
①放置场所——物品的放置场所一定要明确设定;物品的保管要做到定点、定容、定量;在生产线附近只能存放工作过程中真正需要的物品。
②放置方法——物品的放置方法应该容易拿取;所存放的物品不要超出所规定的范围。
③标识方法——物品的放置场所与准备放置的物品原则上应该做到"一对一"的对应关系,以便于识别;标识方法要做到全公司统一。
(4)作为整顿效果的评价,引入"目视检查合格法"进行管理。

3. 清扫(Seiso)
1)定义
所谓清扫,是指将工作场所清扫干净,并一贯保持干净、亮丽的做法(图4-7)。

图4-6 三固定——场所、方法、标识

图4-7 清扫

2)目的
(1)清除脏污,保持工作环境的洁净,给自己一份舒心,给客户一份放心;
(2)减少脏污对维修质量的影响,稳定汽车维修的高品质;
(3)减少因为维修器具、汽车旧件、滑湿地面等给客户或员工所带来的意外伤害。

因此，清除垃圾，美化环境，将岗位变得干净整洁，将设备维护得锃亮完好，创造一个一尘不染的环境，这是我们应该追求的清扫目标。

3) 注意点

形成制度、严格执行；制定标准、参照执行；明确责任、落实执行。

4) 实施要领

虽然经历过整理、整顿，要的东西马上就能取到，但被取出的东西要达到能被正常使用的状态才符合要求，达到这种状态就是清扫的首要目的。尤其在面对大量私家车主，强调汽车维修高品质、高附加价值的今天，更不容许因垃圾或灰尘污染，造成汽车维修品质的不良。为此，需要做好以下工作：

(1) 建立清扫制度，明确各部门的清扫责任区（包括室内、室外）。

(2) 建立清扫的基本标准，作为清扫、检查的规范。

(3) 开始时组织一次全公司范围的大清扫，每个地方都清扫、清洗干净。

(4) 执行例行扫除制度，清理随时产生的脏污。

(5) 调查、排除老污染源，杜绝产生新污染源。

4. 清洁（Seiketsu）

1) 定义

将整理、整顿、清扫进行到底，并且进行制度化、规范化管理，同时要求员工保持个人清洁（图 4-8）。

2) 目的

维持整理、整顿、清扫的成果。

3) 注意点

按照制度化实施；有定期检查、奖优罚劣的机制。

4) 实施要领

(1) 制订奖惩制度、考评方法，加强执行力度。

(2) 制订整理、整顿、清扫的标准规范。

(3) 落实整理、整顿、清扫工作。

(4) 高级主管经常带头巡查，带动全员重视"5S 管理"活动。

5. 素养（Shitsuke）

1) 定义

对于整理、整顿、清扫、清洁，能够形成制度，大家都按要求执行，从而提高员工的文明礼貌水准，增强团队意识，养成按规定行事的良好工作习惯（图 4-9）。

2) 目的

文明的员工是文明管理的根本保证。

通过严密的制度、严格的纪律，持续不懈地坚持执行，将整理、整顿、清扫、清洁活动坚持下来，并形成习惯，培养出有自律素养的员工，使每位员工都能养成良好工作习惯，而且按照规则去对待所有工作。

3) 注意点

长期坚持，养成良好习惯。

图4-8 清洁

图4-9 素养

4）实施要领

(1)制订公司统一的服装、臂章、工作帽等（可以区分岗位），便于识别，强化责任意识。

(2)制订规则与规定，便于执行、督导、检查、评比。

(3)制订员工礼仪守则，进行教育训练（尤其是对新员工）。

(4)通过各种活动强化职工遵守的习惯。

(5)通过各种激励机制，提高职工遵守规章制度的意识。

"5S管理"活动一旦开始实行，就要严格按照标准去落实。如果不能贯彻到底，不仅达不到预期效果，反而会产生负面影响（图4-10）。

任何半途而废的做法，都会进一步强化公司内部保守而僵化的气氛，让职工感觉我们公司做什么事情都是半途而废，对于任何事情，反正都不会成功，与其认认真真地做，还不如应付应付算了。以后要想打破这种保守、僵化的局面，可能需要花费更长的时间、更多的精力去改正。

图4-10 "5S"活动

三、5S管理的作用

1. 营造愉快的工作环境

如果员工的工作环境明亮、干净、无灰尘、无垃圾，就会让人心情愉快，不会感觉厌倦和烦恼；工作本身也就会成为一种乐趣，员工不会无故缺勤旷工；一目了然的工作场所，没有浪费、勉强、不均衡等弊端，使人心情舒畅；这种管理制度给人以"只要大家努力，什么都能做到"的坚强信念，鼓励大家动手改善……在充满活力的一流场所工作，会让员工由衷地感到自豪和骄傲。

2. 推动作业标准化

整顿环节的"三定"、"三要素"原则,可以规范现场作业,使大家都按照规定正确操作。工作程序的稳定,必然带来汽车维修品质的稳定,维修成本也会稳定下来。员工能正确执行各项规章制度,到任何岗位都能立即上岗作业;每一位员工都明白工作该怎么做,怎样才算做好了工作;工作环境方便舒适,心情舒畅;员工每天都有所改善,有所进步;汽车维修的品质有所保证,能够如期实现生产目标。

3. 提高工作效率

具体表现在:

(1) 模具、夹具、工具等,经过整理、整顿后,不需要过多的寻找时间。

(2) 在整洁规范的工厂里,机器正常运转,作业效率大幅提升。

"5S 管理"的工作模式,让初学者一看就懂,能够快速适应岗位要求。

4. 减少维修质量缺陷

在汽车维修过程中,按照"5S 管理"标准去做,是确保维修品质的基本前提:

(1) 环境整洁有序了,有异常的现象一眼就可以发现。

图 4-11 干净整洁的维修现场

(2) 干净整洁的维修现场,可以提高员工的维修质量意识(图 4-11)。

(3) 维修设备、检测仪器正常使用与维护,可以减少维修缺陷。

所有这一切,可以使员工事先就知道要预防维修质量问题的发生而不仅仅是在事后才去采取补救措施。

5. 实现按期交车

推广"5S 管理"可以使:

(1) 工厂环境好,无尘、无碎屑、无漏油。

(2) 机械设备能够经常擦拭和维护,使用率高。

(3) 模具、工装夹具管理良好,调试、寻找时间减少。

(4) 人员工作效率稳定;每日进行使用点检,能够防患于未然。

因而,维修效率就可以提高,确保了按时交车。

6. 实现节约目标

实行"5S 管理",可以收到如下效果:

(1) 能减少汽车维修所需的零配件库存量。

(2) 能避免维修工具、漆料等库存过多。

(3) 能避免库房、货架过剩。

(4) 能避免购置不必要的维修设备、工装夹具。

(5) 能最大限度地避免"寻找"、"等待"、"避让"等动作所引起的浪费。

(6) 能消除"拿起"、"放下"、"清点"、"登记"、"搬运"等没有任何附加价值的动作。

(7) 能避免购置多余的文具、桌椅等办公设备……

总之，可以从多方位最大限度地实现节约。

7. 最大限度减少安全事故

还表现在：

（1）整理、整顿后，工作场所宽敞、明亮，一目了然（图4-12）。

（2）"危险"、"注意"等警示牌该有则有。

（3）物品放置、搬运方法和积载高度充分考虑了安全因素。

（4）维修车间通道和休息场所等不会被占用。

图4-12 宽敞明亮的工作场所

（5）人车分流，道路通畅。

（6）员工正确使用保护器具，遵守作业标准，不违规作业，不会发生工伤事故。

（7）所有设备都进行清洁、检修，能预先发现所存在的问题，从而消除安全隐患。

（8）消防设备齐备，灭火器放置位置、逃生路线明确，万一发生火灾或地震，员工及客户的生命安全都会得到保障。

8. 体现推销作用

在汽车维修的同行业内，假如能被称赞为最干净、整洁的维修企业，那么：

（1）工作环境良好、管理制度严谨、维修质量可靠的口碑就会不胫而走，忠实的客户就会越来越多，给企业带来丰厚的利润。

（2）企业知名度高了，很多人就会慕名参观，人们也会以在这家公司工作为荣。

（3）消费者会以购买这家公司的产品为荣。

所有这一切，都是企业的活广告，使企业获得更大的发展空间。

四、汽车4S店展厅"5S管理"细则

汽车4S店，集整车销售（Sale）、售后服务（Service）、零配件供应（Spare Part）、信息反馈（Survey）于一体，它不同于传统的汽车维修企业。4S店店面设计统一，展览大厅宽敞明亮，车间地面一尘不染，室内音乐温馨舒缓，休息沙发简洁舒适，展出新车陈列整齐，销售代表统一着装，接待客户热心亲切，前台接待有条不紊，维修车间井然有序……这一切，无不给人以强烈的视觉冲击。

其实，这一切，都是归功于在4S店内部全面或局部推行的"5S管理"。

4S店对各个工作岗位的生产秩序、环境的文明程度、员工的精神面貌、产品的品质优劣等均有具体要求。如：

（1）对大厅内地面和墙壁的要求是及时清洁、不能有较明显的污渍。

（2）展车内外应整洁光新；对维修车间要求"三（机油、汽油、水）不落地"。

（3）作业区和汽车行驶通道严格区分，工具设备的存放和管理井井有条，等等。

这一切无不给人以强烈的暗示："这是一家管理良好的企业，对其服务品质毋庸置疑"。在视觉和心理感受上会给客户带来全新感受，改变以往对汽车维修企业形成的"脏、乱、差"

不良印象,全面提升市场竞争力。

1. 展厅

汽车4S店的展厅,需要按照汽车生产厂商的统一要求布置(图4-13),一般需要达到以下要求:

(1)内部使用的布置物、相关标识应符合汽车生产企业统一要求。

(2)内部照明要求明亮、令人感觉舒适(标准照度在800lx左右)。

(3)内部有隐蔽式音响系统,在营业期间播放舒缓、优雅的轻音乐。

(4)内部保持适宜、舒适的温度(26℃)。

(5)悬挂标准的营业时间标志。

(6)内、外墙面等保持干净整洁,定期清洁(一般为每年2次)。

(7)地面、墙面、展台、灯具、空调、视听设备等保持整洁,墙面无乱贴的海报等。

2. 车辆展示区

(1)每辆展车驾驶位的右前方设有一个规格架,架上摆有与该车对应的规格表(图4-14)。

图4-13 国外的汽车4S店展厅

图4-14 车辆展示区

(2)展车之间相对的空间位置和距离、展示面积按照规定设置。

3. 客户休息区

(1)设有饮水机,并配备专用杯托、纸杯。

(2)摆放绿色植物盆栽,以保持生机盎然的氛围。

(3)配备大屏幕彩电、影碟机等,在营业时间可播放汽车广告、宣传片、专题片。

(4)设有杂志架、报纸架,备3~5种杂志、报纸,其中含有汽车杂志、报纸,报纸应每天更新,杂志需保证是最新出版的。

(5)沙发、茶几等摆放整齐,保持环境的整体整齐、清洁。

(6)茶几上备有烟灰缸,烟灰缸内若有3个以上烟蒂时,应立即清理;每次在客人走后立即把用过的烟灰缸清理干净。

客户休息区布置参见图4-15。

4. 业务洽谈区

在业务洽谈区(图4-16),应该做到:

(1)桌椅摆放应整齐有序、保持洁净。

(2)备有适当的文具、车型资料。

(3)桌面上备有烟灰缸,烟灰缸内若有3个以上烟蒂时,应立即清理。

(4)每次在客人走后立即把用过的烟灰缸、桌面清理干净。

图4-15　客户休息区

图4-16　业务洽谈区

5.客户接待台

(1)接待台处的电话、电脑等设备应保持良好的使用状态。

(2)接待台保持干净,台面上不可放任何物品。

(3)各种文件、名片、资料等整齐有序地摆放在台面下,不许放置与工作无关的报纸、杂志等其他物品。

客户接待台布置如图4-17所示。

6.卫生间

(1)展厅内有标准标识牌指引;卫生间门上的男、女标识要易于区分;客人和员工所用的卫生间分离,客人在一楼,员工在二楼;由专人负责卫生清洁,并由专人负责检查与记录。

图4-17　客户接待台

(2)地面、墙面、洗手台、设备用具等各部分保持清洁,台面、地面不允许有积水,大小便池不允许有黄垢等脏物。

(3)适度布置一些绿色植物或鲜花予以点缀。

(4)洗手处有洗手液、烘干机、擦手纸、绿色盆栽等,洗手台上无积水或其他杂物。

(5)相应位置应备有充足的卫生纸,各隔间内设有衣帽钩,小便池所在的墙面上应悬挂赏心悦目的图画、漫画。

(6)要求无异味,应采用自动喷洒香水的喷洒器来消除异味。

(7)在营业期间播放舒缓、幽雅的背景音乐。

7.儿童游乐区

为了吸引年轻的夫妇,可以在展厅设立儿童游乐区(图4-18),具体要求为:

(1)设在展厅里端,位置应相对独立,有专人负责看护儿童活动(建议为女性),不宜离楼

图4-18　儿童游乐区

梯、展车、电视、型录架、规格架等距离太近,但能使展厅内的客户看到儿童活动情况。

(2)玩具具有一定新意,色调丰富,保证对儿童有一定的吸引力。

(3)能够确保儿童安全,所用玩具应符合国家安全标准,应由相对柔软的材料制作而成,不许采用坚硬锐利的物品作为儿童玩具。

五、汽车维修企业"5S 管理"的拓展

在汽车维修企业实施"5S 管理",不能仅仅停留在浅显的打扫卫生这个层面,应该透过现象去看本质,领悟这一管理模式的内涵,充分拓展其在其他领域的辐射效应。

1."整理"的拓展

表面看来,"整理"只是区分必需品和非必需品。但要搞明白哪些是必需品、非必需品,却并不简单。

对于必需品,人们总是混淆"客观需要"和"主观想要"概念,总有"以防万一"的心态在支撑。

图 4-19 清洁的维修作业现场

很多情况下,人们习惯于占有更多资源,在文件柜、工具箱、抽屉、操作台上塞满了杂物,长期不用或者已经不能使用的工具、仪器、废旧文具、过期文件、空白表格、草稿纸、书报杂志等充满了办公空间,浪费了有限的资源。

2."整顿"的拓展

整顿的目的固然是为了减少寻找时间,但是,整顿还有更深层的含义,即:现场环境清洁了,一旦物品或者设备出现异常,就能立刻被发现(图 4-19)。

因此,"整顿"的基础实际上是工作空间布局的规划、物品的分类及命名、物品的标识方法、物品摆放位置的科学规划等。

除了物品方面,"整顿"的拓展内容包括限制办公文具的使用量、倡导无纸化办公、压缩会议并将现场会议压缩到 1 小时以内、倡导 1 分钟电话、减少"待办事项"、控制文件的分放范围及数量、及时销毁过时文件和临时文件(只保留一套正式版本)、缩短工作处理时间等。

3."清扫"的拓展

通过清扫,把废旧汽车零部件、废旧油液、污垢、灰尘、油污、原材料加工后的剩余物、汽车喷漆后的遮盖物等清除掉。这样一来,设备的磨耗、瑕疵、漏油、松动、裂纹、变形等缺陷才能暴露出来,以便采取相应措施加以修补。

另外,在清扫过程中还会发现很多问题,这是修补、整修的好机会。如地板上凹凸不平的地方需要整修、松动的螺栓需要紧固、需要润滑的部位应及时加油维护、跑冒滴漏需要检修等。

4."清洁"的拓展

清洁的目的是保持整洁的状态,例如:

(1)作为文件,无论是电子版的还是纸质的,均应存放有序、查找便利;

(2)保密文件应有严格的保密措施;

(3) 办公用品、汽车维修的消耗品领用有规章、办理有手续；
(4) 维修过程中，每一个操作环节均保持清洁，避免影响汽车的维修质量；
(5) 交车之前，客户送修车辆的车内、车外均应清理干净；
(6) 打算让客户带回的废旧零部件，被擦拭干净。

5. "素养"的拓展

通过上述"4S"的历练，达到完善企业规章制度，培养员工良好工作习惯、工作责任心，激发大家的工作热情。

先实现"人造环境"，再达到"环境育人"，使企业文化得到整体提升，员工都有归属感，共同促进企业的发展。

第三节 汽车维修合同管理

在市场经济不断推进，汽车维修客户维权意识日益增强的今天，汽车维修厂家在承接汽车维修业务时，一般都要与客户签订汽车维修合同。

一、签订维修合同的必要性

汽车在使用一定的时间后，必然要进行某些项目的维护、零星维修、总成大修及整车大修等。此时，车主成了托修方，汽车维修企业成了承修方。

为了保证把汽车修好，而且减少事后纠纷，托修方与承修方就有必要签订汽车维修合同，将双方的权利、义务用合同的形式固定下来（图4-20）。

汽车维修合同不是一纸空文，而是托修方与承修方相关权利及义务的约定，是对双方利益共同的保障。车主和维修部门都要提高签订维修合同的自觉性。

早在1992年，原交通部、国家工商行政管理局就联合发布了《汽车维修合同实施细则》，规定：凡车辆二级维护以上的维修项目或维修预算费用在1000元（轿车在2000元）以上的，承修、托修的双方必须签订维修合同。

由原交通部颁布，于2005年8月1日起施

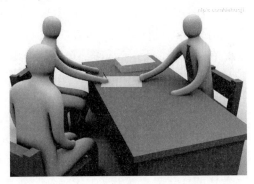

图4-20 双方签订维修合同

行的《汽车维修管理规定》，在第三十四条、第四十条两次提到维修合同。这充分说明了汽车维修合同的重要性。

在修理之前，签订详细的服务协议及维修合同，对有关汽车维修的预计费用、质量保证期、交车日期、违约责任、合同纠纷的解决方式等，都进行约定。一旦出现纠纷，也可依据合同，维护自身的权益。

有些汽车维修企业，片面地认为签订维修合同会约束自己的手脚，不肯积极主动地签订。其实，一旦遇到纠纷闹上法庭，法官往往会要求作为强势一方的汽车维修企业举证。一旦汽车维修企业因未签订维修合同而无法举证，就很有可能面临败诉。而且，即使勉强打赢

了官司,所花费的人力物力财力,付出的声誉损失代价,往往也是巨大的。

二、维修合同签订之前

在与维修客户签订汽车维修合同之前,汽车维修企业需要首先做好以下事情:

(1)充分尊重客户。车主愿意把车交给那些言谈有礼貌、待人较热情、工作负责任、技术很高超的维修人员去修复。

(2)认真听取客户关于汽车故障的描述,弄清楚客户真实的维修需求。不要造成对故障的误诊断。

(3)在有必要的情况下,要与维修技师充分沟通,或者借助于检测设备,弄清楚具体的维修项目、大概需要的维修时间及维修价格。

(4)向客户重新描述你所判断的故障,以确认对故障的理解以及维修技师的诊断分析是否正确,初步确定的维修项目是否合理。假如对故障的判断出现了偏差,可以与客户一同试车,以便准确确认故障。

(5)进行随车备件、工具、物品的清点,由客户签名认可。以免将来在交车时因客户声称丢失了相关的物品、工具等造成纠纷。

案例:张先生的一辆中型客车,购买之后行驶了3万多千米。一段时间来,因感觉汽车加速无力、发动机"发闷",在朋友建议下他将车送到汽车修理厂清洗化油器。

对于此维修作业,双方没有签订任何维修合同,甚至连维修委托书也没有。

厂方在完成了相关的维修作业项目后,对化油器的工作效果进行就车试验。当试车提速时,发动机发出了严重的异响,并熄火,经检查,发现缸体已经"捣缸"。

对此,车主认为事故是由厂方试车造成的,要求赔偿。厂方则认为,按照车主的要求,他们只对化油器进行了拆装和清洗,没有涉及其他部位的维修,而且试车时用的是空挡,发动机是在无负载情况下运行的,并且是采用逐步提速的方式进行的,不会引发上述事故,肯定是该车发动机在送修前就已存在严重的故障隐患。再说,车主没有要求检查、维修发动机,厂方不知情,发生机件损坏的事故不应由厂方负责,因此拒绝了车主的赔偿要求。对此,双方引发争议。

汽车维修主管部门根据双方的要求,对发动机进行了解体检查,结果发现:第一,油底壳内的机油长期没有更换,已经变质,并含有较多的水分和杂质;第二,发动机第三缸连杆大头与杆体的连接处已被拉断,缸壁有明显磨痕;第三,活塞位于下止点处,已与汽缸完全"抱死";第四,燃烧室有锈迹;第五,第三缸处的机体已被击穿破裂。原来,该车自使用以来,只进行过一次走合期的维护,"捣缸"事故是由第三缸活塞与汽缸"抱缸"引起的。该车送修前所呈现出的提速无力、"发闷"等现象,是发动机内部阻力过大的直接体现。车主因缺乏专业知识和使用经验,没能准确判断出来,误认为是化油器不清洁造成的,没有正确报修。于是,事故就在双方均不知情的前提下发生了。

结论:在本次维修作业中,作业内容比较明确,机件的损坏发生在非承修部位,且与承修部位没有关联,试车操作符合有关规定。因此,厂方对所发生的事故和相关机件的损坏不应承担赔偿责任。车主因对发动机缺乏及时、正确的维护,致使发动机内部存在着较为严重的故障隐患,导致在试车过程中活塞、汽缸"抱死"的事故。因此,机体损坏的责任应由车主本人承担。

对此,车主表示接受。厂方感到十分侥幸,表示今后承修车辆时,一定要注意修前的检查,了解相关部位的技术状况,与托修方签订责任明确的维修合同,以对客户负责,也对自己负责。

三、维修合同签订原则

(1)托修方、承修方法律地位平等,一方不得将自己的意志强加给另一方。
(2)托修方、承修方依法均享有自愿订立合同的权利,任何单位和个人不得非法干预。
(3)托修方、承修方应当遵循公平原则确定各方的权利和义务。
(4)托修方、承修方行使权利、履行义务时应当遵循诚实信用的原则。
(5)托修方、承修方订立与履行合同时,应当遵守法律、行政法规,尊重社会公德,不得扰乱社会经济秩序,损害社会公共利益。
(6)依法签订的合同,对托修方、承修方具有法律约束力。双方应当按照约定履行自己的义务,不得擅自变更或者解除合同。

四、维修合同签订范围

进行下列汽车维修作业时,承修方、托修方双方应该签订维修合同:
(1)汽车大修。
(2)汽车主要总成大修。
(3)汽车进行二级维护。
(4)汽车维修的预算费用在2000元以上的。

五、维修合同内容

1. 维修合同的主要内容
(1)托修方、承修方的名称、联系方式。
(2)维修合同签订的日期、地点、编号。
(3)托修车辆的类别、车型、牌照号、发动机号、车架号、VIN码、车辆注册登记日期、里程表里程数。
(4)维修类别、项目及预计费用。
(5)维修质量保证期。其中,企业承诺的维修质量保证期限不得低于《汽车维修管理规定》第三十七条(汽车维修实行竣工出厂质量保证期制度)的相关规定。
(6)维修车辆的送修日期、地点、方式;修竣车的交车日期、地点、方式。
(7)托修方所提供材料的规格、数量、质量及费用结算原则。
(8)随车附件或工具清单。
(9)验收标准和方式。
(10)结算方式及期限。
(11)违约责任和赔偿金额。
(12)解决合同纠纷的方式。

(13)双方商定的其他条款。

2.双方相关义务

1)托修方义务

(1)按照合同约定时间送修、接收车辆。

(2)提供车辆的真实情况(包括送修车辆基础技术资料、技术档案等)。

(3)按照合同规定的方式和期限交纳维修费用。

2)承修方义务

(1)按照车型的修理技术标准修复车辆,保证维修质量,向托修方提供竣工出厂合格证。

(2)建立车辆维修技术档案。

(3)向托修方提供维修车辆的有关资料及使用注意事项。

(4)按照规定标准收取维修及配件费用,并向托修方提供所用工时、材料明细表。

(5)按照合同规定的时间交付修竣车辆。

3.双方违约责任

1)托修方违约责任

(1)未按合同规定时间送修车辆,应按合同规定支付承修方违约金。

(2)不按合同规定支付维修费用,自应付费之日起向承修方交付滞纳金。

(3)不按合同约定期限验收接车,应向承修方支付保管费和自然损伤修复费。

(4)中途变更修理项目,造成承修方损失时,应予以赔偿。

2)承修方违约责任

(1)未按合同规定时间修复、交付托修车辆,应按合同规定支付托修方违约金。

(2)交付的修复车辆不符合质量要求,托修方可以要求返修并赔偿损失。

3)纠纷解决

履行合同发生纠纷时,由汽车维修行业管理处或经济合同仲裁部门仲裁,也可直接向当地人民法院起诉。

在实际工作中,有的维修合同只是简单的事项记录,称不上真正的维修合同(表4-2);而有的维修合同则非常详细、清晰,如北京市汽车维修合同(表4-3)。

不规范的汽车维修合同　　　　　　　　　表4-2

汽车维修合同							
一、车辆型号							
车种		牌照号		发动机号		型号	
车型		底盘号				编号	
二、车辆交接期限(事宜)							
送修				接车			
日期		方式		日期		方式	
地点				地点			
三、维修类别及项目							

北京市汽车维修合同(样本) 表4-3

北京市汽车维修合同

合同编号：

托修方(甲方)：_____

承修方(乙方)：_____

1. 托修车辆基本信息：

号牌号码	品牌型号	发动机号码	VIN代码/车架号	注册登记日期	里程表千米数

2. 维修项目：预定维修项目以双方确认的《进厂检验记录单》为准；实际维修项目以《维修结算清单》为准。

3. 维修材料：

品名	零件号	制造商	规格	型号	价格	数量	类别	提供方式

注：1. 具体内容见《维修结算清单》。2. "类别"为"原厂件"、"副厂件"或"修复件"。3. "提供方式"为"甲方自备"或"乙方提供"。

4. 竣工交车日期：_____年____月____日，交车地点：_____。

5. 验收及提车：甲方应当在乙方交车后当场验收；验收合格的，甲方应当在《汽车维修竣工出厂合格证》上签字确认，并按照《维修结算清单》结清维修费用后，方可提车。

6. 结算方式：_____。

7. 合同变更：托修车辆竣工交付前，双方可以(书面□ 电话□)通知的方式，就维修项目、维修工时和材料、竣工交车日期等内容进行变更。

8. 违约责任：(1)迟延履行的，应当向对方支付迟延履行违约金_____元/日；(2)_____。

9. 其他约定：_____。

10. 本合同经双方签字盖章后生效。合同一式两份，双方各执一份。

请在签字前充分了解有关事宜，认真填写表格内容，仔细阅读并认可背书合同条款，特别是黑体字部分。

托修方(签章):	承修方(签章):
经办人(签字):	经办人(签字):
联系方式:	联系方式:
签约日期: 年 月 日	签约日期: 年 月 日

承、托修双方权利义务

一、适用范围

本合同主要适用于甲方委托乙方进行的汽车总成修理、整车修理或道路运输营运车辆的二级维护。其他维修项目也可参照使用本合同。

二、甲方权利、义务和责任

(一)向乙方交付托修车辆时，应当自行取走车内可移动贵重物品及相关证件。

(二)要改变托修车辆车身颜色，更换发动机、车身或车架的，应当依法办理有关审批手续，并向乙方出示相关手续的原件及复印件。

(三)自备维修材料的，应当承担因材料质量问题产生的相应责任。

(四)应当根据乙方维修工作的需要积极履行协助义务。

(五)应当按照合同约定验收、结清维修费用并提车。

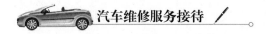

续上表

（六）对乙方擅自将维修工作转托他人，或维修质量达不到国家、行业标准或北京市地方标准要求的，有权要求乙方返修，也可解除合同并要求乙方赔偿损失。

（七）对乙方未签发《汽车维修竣工出厂合格证》、未按照规定出具结算发票和《维修结算清单》的，有权拒绝支付维修费用。

三、乙方权利、义务和责任

（一）应当对托修车辆进行维修前进厂诊断检验，并填写《进厂检验记录单》。

（二）应当妥善保管托修车辆及固定或遗落在托修车辆上的附件、设备及有关物品。除因维修或检验目的外，不得以任何形式使用托修车辆。违反上述约定造成托修车辆损坏的，应当无偿修理并赔偿损失。

（三）应当使用符合国家规定及双方约定的维修材料，否则应当无条件更换，并依法承担赔偿责任；由此影响甲方正常使用的，应当按照迟延履行的违约责任标准执行。

（四）维修过程中换下的配件、总成，竣工交车时应当交由甲方自行处理；但对环境有影响的废弃物品，应当在征得甲方同意后按照有关规定统一处理。

（五）托修车辆竣工质量检验的各项技术指标应当符合相关国家、行业标准或北京市地方标准的要求，并签发《汽车维修竣工出厂合格证》并交甲方保存。

（六）向甲方交付托修车辆时，应当出具符合规定的结算发票，并附《维修结算清单》，清单中工时费与材料费应当分项列明。

（七）对甲方无正当理由拖欠维修费用的，可行使留置权。

（八）质量保证期以《汽车维修竣工出厂合格证》载明的期限或里程为准，但不得低于国家规定的最低标准。返修车辆质量保证期自返修竣工交付日起重新计算。

（九）在质量保证期内，因维修质量原因导致托修车辆无法正常使用，且乙方在3日内不能或者无法提供因非维修原因而造成托修车辆无法正常使用的相关证据的，乙方应当及时无偿返修，做好车辆返修记录，不得故意拖延或者无理拒绝。托修车辆因同一故障或维修项目经两次修理仍不能正常使用的，乙方应当联系经甲方认可的其他汽车维修企业对车辆进行维修，并承担相应维修费用。由此影响甲方正常使用的，按照迟延履行的违约责任标准执行。

四、其他条款

（一）《进厂检验记录单》、《维修结算清单》、《汽车维修竣工出厂合格证》应当经甲方签字确认，作为本合同附件。

（二）结算价格按照乙方公示的汽车维修项目工时费和材料费价目表执行。

（三）在本合同项下发生的纠纷，双方可协商解决或向辖区道路运输管理部门申请调解解决；不愿协商、调解或协商、调解不成的，可向人民法院提起诉讼或依据另行达成的仲裁条款或仲裁协议申请仲裁。

第四节　维修服务基本管理制度

一、在修车保管制度

从汽车维修的流程来看，车辆从进厂办理交接手续直到修竣出厂，都属于维修厂的保管责任。为了保证客户车辆的安全，维修厂应制定相应的车辆保管制度。

1. 做好接待、登记工作

车辆进厂维修，应由维修接待或业务部门负责进厂登记工作，准确记录车辆的进厂时间、车型、车牌号、驾驶人姓名、车辆所属单位、报修项目、车辆装备的齐全情况（如有缺件应详细记录）、油箱存油量、里程表行驶里程数等（图4-21）。

一般情况下，随车工具、车上物品等与车辆维修无关的，应由托修方自行保管。如需置于车内，应清点登记并上锁。登记完毕后双方经手人共同签字，办理车辆移交手续。

2. 进行车辆维修标识

业务部门应对进厂维修的车辆进行标识,待修车、在修车、修竣车应分别停放在不同区域,以免发生意外。客户车辆的整车保安,应由保卫部门负责。

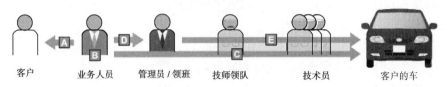

图4-21 接待登记环节

3. 办理移交

车辆修竣并经检验合格后,由厂方通知托修人验收、付款、交车,然后由维修接待或业务部门与托修人当面清点进场时登记物品的清单,办理移交,交接双方在交接单上签字。交接完毕后由维修接待或业务部门在出厂登记本中做好记录,并开具出厂证,门卫凭出厂证核对车牌号后放行(图4-22)。

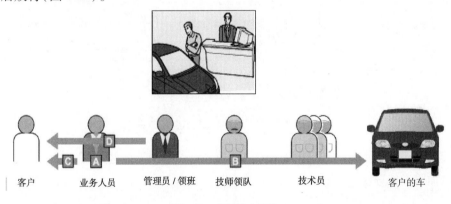

图4-22 车辆移交环节

二、用户自带配件管理制度

由于种种原因,有时客户会自己携带配件到修理厂维修车辆。对于这种情况,维修厂一定要慎重对待。

(1)为了保证汽车的维修质量,不鼓励客户自带配件前来维修。

(2)如果客户坚持使用自带配件,应先由质检人员检查客户所带配件的外观、质量是否有缺陷,并与客户当面签字确认。

(3)业务人员与客户一起,当面清点自带配件的品名、规格、产地、数量等,并在《施工单》中详细填写,由维修技师保管,并做好标记,当面与客户确认。

(4)若客户自带配件存在质量问题,一般应该不予使用;若客户坚持使用自带配件,则向客户声明本公司不承担由此引起的保修责任,并请客户签字确认。

(5)若客户自带配件在安装中出现问题,要及时告知维修接待,通知客户来协商解决。

(6)车辆修竣后,让客户在施工单上签字,并注明自带配件,以备后查。

三、替换车管理制度

替换车,又称客户代步车。

有的生产厂家要求,有重要客户到4S店维修车辆时,会向客户免费提供不低于客户车辆档次的替换车;有的维修商对于因自己的原因导致未能按时修复客户的车辆时,也会向客户提供替换车。

(1)尽量按期完成维修作业,不要向客户提供替换车。

(2)只向因公司原因导致送修车辆维修时间超过合同规定完工时间3天以上,且强烈不满的客户提供替换车。

(3)与客户签订严密的替换车使用规定,约定租金支付责任、油料由谁承担、行驶里程如何控制、安全事故如何担责等(图4-23)。

图4-23 为客户准备的替换车

(4)加紧维修进度,尽快向客户交车。

四、修竣车交车制度

汽车修竣出厂,要实行出厂合格证制度(小修和部分专项修理除外),维修质量不合格的车不准出厂。车辆修竣出厂时,必须按竣工出厂的技术条件进行检测,并向托修方提供由出厂检验员签发的汽车维修竣工出厂合格证(由汽车维修行业管理部门统一印制)。

1.竣工检验

车辆修竣后(图4-24),需要进行以下检验:

(1)企业应建立严密的合格证领用、签发登记制度。

(2)维修企业应依据车辆竣工检验标准实施竣工检验。

(3)质量检验员对承修车辆进行竣工检验,填写竣工检验记录。检验不合格的车辆不得交付使用。二级维护、总成修理、整车修理应签发《机动车维修竣工出厂合格证》。

(4)竣工车经检验合格后,业务人员要对维修车辆进行最后一次清理:清洗、清理车厢内部,查看外观是否正常,清点随车工具和物品并放入车内,将车停放在停车场。

(5)将竣工车辆的施工单、检验单一并交到维修接待人员手中。

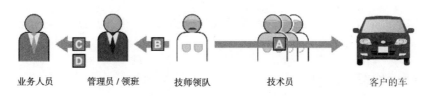

图4-24 修竣车辆移交环节

2. 验收交车

验收交车时,需注意以下事项:

(1)指定专人按照规范操作和规定线路试车,并做好记录。

(2)做好交车准备(清理车辆、查看外观、清点随车物品),通知客户验收接车,价格结算员汇总全部单据,进行账目统计。

(3)一切准备妥当后,提前1小时(工期在2天之内)或4小时(工期在2天以上)通知客户前来接车。如不能按期交车,也要按上述时间或更早些时间通知客户,说明延误原因,争取客户谅解,并表示道歉。

(4)根据客户要求交由客户试车,客户满意后,填写验收交接记录并签字确认,所有修车单据由业务部门管理。

(5)向客户告知车辆故障发生的原因、维修价格的基本构成、以后使用注意事项和质量保证期的相关内容。

(6)客户结算时,结算员做到如下几点:

①礼貌地向客户打招呼,示意落座;

②拿出结算单呈交客户过目;

③当客户同意办理结算手续时,应迅速办理;

④当客户要求打折或有赠品要求时,结算员可引领客户找维修接待处理。

(7)结算完毕,应即刻开具该车"出厂通知单",连同维修单、结算单、质量保证书、随车证件和车钥匙一并交给客户。

(8)客户办理完接车手续,维修接待员应送客户出厂(图4-25),并致祝福:

"××先生(女士),请您走好!"

"祝一路平安!"

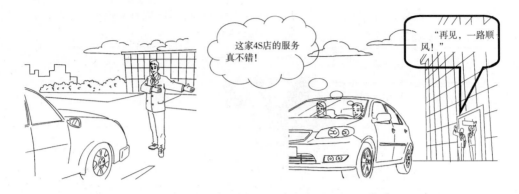

图 4-25 客户离开

(9)假如客户取车时发生争议,应由维修接待员按预先设定的程序及时处理,不得搪塞客户。

五、车辆返修管理制度

1. 政策规定

原交通部颁布的《汽车维修质量纠纷调解办法》(交公路发〔1998〕349号),主要调解在汽车维修质量保证期内或汽车维修合同约定期内当事人双方所发生的争执。

在质量保证期内,托修方遇到汽车维修质量问题或者发生机件事件,应首先与承修方协商解决,这是处理汽车维修质量纠纷的最基本原则。不愿协商或协商不成的,当事人各方可向当地道路运输管理机构申请调解。参加调解的纠纷双方均有举证责任,并对举证事实负责。

承修方不按技术标准、有关技术资料和维修操作工艺规程维修车辆或不按使用说明规定选用配件、油料所引起的质量责任由承修方负责;承修方因装配使用有质量问题的配件、油料或装配使用托修方自带配件、油料且未在维修合同中明确责任的,所引起质量责任由承修方负责;承修方在进行总成大修、小修和二级维护作业时,未对所装(拆)配件进行鉴定或虽发现相关配件质量不符合技术要求但未与托修方签订责任协议,在质量保证期内确因该零部件质量引起的质量事故由承修方负责。汽车维修合同中另有约定的按合同规定的责任确定;因托修方违反驾驶操作规程和车辆使用、维护规定而引起的质量责任,由托修方负责。

在质量保证期内,车辆发生故障或损坏,承修业户和托修单位按下列规定划分责任:

(1)因维修质量造成的车辆故障或损坏,维修业户应负责及时返修,由于维修质量问题而造成的车辆异常损坏或车辆机件事故,由承修业户负责。

(2)由于托修单位违反规定使用或驾驶人违反操作规程造成的车辆故障或损坏,不属于维修质量问题,经济责任由托修单位自负。

汽车整车修理或总成大修在修好后行驶 2 万千米或 100 天内,因维修质量原因造成机动车无法正常使用的,修理厂应当在 3 日内无偿返修,因同一故障或维修项目经过两次修理仍不能正常使用的,修理厂应负责联系其他维修企业修理,并承担相应的修理费用。

2. 维修企业车辆返修管理

保修期内维修车辆发生故障或损坏,要明确责任划分,按照责任属性进行处理解决。

（1）在质量保证期或承诺的质量保证期内，因维修质量造成车辆无法正常使用，且承修方在 3 日内不能或无法提供因非维修原因而造成车辆无法使用相关证据的，应无偿返修，不得故意拖延或无理拒绝。

（2）在质量保证期或承诺的质量保证期内，车辆因同一故障或者维修项目经两次修理仍不能正常使用的，负责联系其他维修企业修理，并承担相应费用。

（3）因维修质量不合格或使用了不合格配件，造成维修质量低劣的，其经济损失由承修方负责。

（4）因客户操作不当或客户自己拆修造成的经济损失，承修方不予承担。

（5）返修车辆由维修接待员接车后，在施工单上注明返修内容，加注"返修"字样，并填写《返工、返修记录单》，及时送给维修车间（图 4-26）。

图 4-26　车辆返修

（6）返修车辆执行公司维修质量控制程序，直至达到汽车维修竣工标准。

（7）公司维修车间及质检部门要建立车辆返修记录，对返修项目进行技术分析，制定和落实应对措施。

第五节　汽车保险的代办与服务

随着《汽车交通事故责任强制保险条例》（简称"交强险"）于 2006 年 7 月 1 日的正式实施，车主基于遵守国家法律规定的考虑，选择汽车保险已经成为一项不可回避的事实。

另外，基于出险之后能够获得保险公司必要赔偿的需求，车主选择商业险的愿望也有明显加强。

一、部分常见汽车保险产品介绍

1. 交强险

1）定义

交强险，是在随着汽车保有量增加、交通事故所造成的损失及矛盾日益突出的情况下，国家（或地区）基于维护社会大众利益考虑，为保障交通事故受害者能够获得基本赔偿，以法律或行政法规形式所实施的汽车责任保险。

图 4-27 所示的汽车碰撞行人事故，无论汽车驾驶人是否有责，只要行人不是故意碰撞的汽车，根据交强险条例的规定，受害的行人都可以在驾驶人有责或无责的赔偿限额范围内获得相应的赔偿。

图 4-27　汽车撞行人

2）费率

交强险的费率基于"总体经营,不赢不亏"的原则厘定。在实际施行过程中,施行浮动费率机制,除第一年为固定值外,续保费率的高低与以往是否发生过获得赔付的交通事故以及事故性质密切相关(表4-4)。

部分车型交强险费率及浮动办法　　　　　　　　　　表4-4

车辆大类		车辆明细分类	交强险保费(元)
基础保费	家庭自用车	家庭自用汽车6座以下	950
	非营业客车	企业非营业汽车6座以下	1000
		机关非营业汽车6座以下	950
	营业客车	营业出租租赁6座以下	1800
		营业公路客运20~36座	3420
		营业公路客运36座以上	4690
浮动费率		浮动因素	浮动比率
	下浮比率	上一个年度未发生有责任道路交通事故	-10%
		上两个年度未发生有责任道路交通事故	-20%
		上三个及以上年度未发生有责任道路交通事故	-30%
	上浮比率	上一个年度发生一次有责任不涉及死亡的道路交通事故	0%
		上一个年度发生两次及两次以上有责任道路交通事故	10%
		上一个年度发生有责任道路交通死亡事故	30%

3）保险责任

在保险有效期限内,被保险人在中华人民共和国境内(不含港、澳、台地区),被保险人在使用被保险机动车过程中发生交通事故,致使受害人遭受人身伤亡或者财产损失,依法应当由被保险人承担的损害赔偿责任,保险人按照交强险合同的约定对每次事故在下列赔偿限额内负责赔偿,保险人对每次事故的赔偿限额见表4-5。

交强险对每次事故的赔偿限额　　　　　　　　　　表4-5

损失内容	被保险人有责时赔偿限额(元)	被保险人无责时赔偿限额(元)
死亡伤残	110000	11000
医疗费用	10000	1000
财产损失	2000	100

4）垫付与追偿

被保险机动车在以下情形下发生交通事故,造成受害人受伤需要抢救的,保险人在接到公安机关交通管理部门的书面通知和医疗机构出具的抢救费用清单后,按照国务院卫生主管部门组织制定的交通事故人员创伤临床诊疗指南和国家基本医疗保险标准进行核实。对于符合规定的抢救费用,保险人在医疗费用赔偿限额内垫付。被保险人在交通事故中无责任的,保险人在无责任医疗费用赔偿限额内垫付。对于其他损失和费用,保险人不负责垫付和赔偿。

(1)驾驶人未取得驾驶资格的;

(2)驾驶人醉酒的;

(3)被保险机动车被盗抢期间肇事的;

(4)被保险人故意制造交通事故的。

对于垫付的抢救费用,保险人有权向致害人追偿。

5)责任免除

对于下列损失和费用,交强险不负责赔偿和垫付:

(1)因受害人故意造成的交通事故的损失;

(2)被保险人所有的财产及被保险机动车上的财产遭受的损失;

(3)被保险机动车发生交通事故,致使受害人停业、停驶、停电、停水、停气、停产、通信或者网络中断、数据丢失、电压变化等造成的损失以及受害人财产因市场价格变动造成的贬值、修理后因价值降低造成的损失等其他各种间接损失;

(4)因交通事故产生的仲裁或者诉讼费用以及其他相关费用。

6)交强险单证

交强险单证由保监会监制,全国统一式样。

交强险单证分为交强险保险单(表4-6)、定额保险单和批单三个类别。

交强险保险单、定额保险单均由正本和副本组成。正本由投保人或被保险人留存,副本包括业务留存联、财务留存联和公安交管部门留存联。公安交管部门留存联应由保险公司加盖印章后交投保人或被保险人,由其在公安交管部门进行注册登记、检验等后交公安交管部门留存。

交强险保险单及批单必须电脑出单;交强险定额保险单可手工出单,但必须在7个工作日内据实补录到电脑系统内。

除摩托车和农用拖拉机可使用定额保险单外,其他投保车辆必须使用交强险保险单。

机动车交通事故责任强制保险单　　　　　　　　　　表4-6

保险单号:

被保险人						
被保险人身份证号码(组织机构代码)						
	地址				联系电话	
被保险机动车	号牌号码		机动车种类		使用性质	
	发动机号码		识别代码(车架号)			
	厂牌型号		核定载客	人	核定载质量	千克
	排量		功率		登记日期	
责任限额	死亡伤残赔偿限额	110000元		无责任死亡伤残赔偿限额		11000元
	医疗费用赔偿限额	10000元		无责任医疗费用赔偿限额		1000元
	财产损失赔偿限额	2000元		无责任财产损失赔偿限额		100元
与道路交通安全违法行为和道路交通事故相联系的浮动比率%						
保险费合计(人民币大写):			(¥:	元)其中救助基金(%)¥:		元
保险期间自　　年　　月　　日零时起至　　年　　月　　日二十四时止						

续上表

特别约定	保险合同争议解决方式	
重要提示	1. 请详细阅读保险条款,特别是责任免除和投保人、被保险人义务。 2. 收到本保险单后,请立即核对,如有不符合或疏漏,请及时通知保险人并办理变更或补充手续。 3. 保险费应一次性交清,请您及时核对保险单和发票(收据),如有不符,请及时与保险人联系。 4. 投保人应如实告知对保险费计算有影响的或被保险机动车因改装、加装、改变使用性质等导致危险程度增加的重要事项,并及时通知保险人办理批改手续。 5. 被保险人应当在交通事故发生后及时通知保险人。	
保险人	公司名称: 公司地址: 邮政编码:　　　　　　服务电话:　　　　　　签单日期: (保险人签章)	

保险人授权签字:　　　复核:　　　制单:　　　业务员:　　　代理/经纪人:

7) 交强险标志

交强险标志由保监会监制,全国统一式样。

交强险标志分内置型(图4-28)和便携型(图4-29)两种。具有前风窗玻璃的投保车辆应使用内置型;不具有前风窗玻璃的投保车辆应使用便携型。

图4-28　内置型交强险标志
a)正面;b)背面

内置型标志为椭圆形,长88mm、宽75mm。正面涂胶,使用时将正面张贴在前风窗玻璃处;便携型标志为长方形,长90mm,宽60mm,四角为圆角,使用时可方便地放置到行驶证或驾驶证中。

内置型保险标志正面文字包括"强制保险标志"、"年份"、"月份"、"中国保险监督管理委员会监制"以及作为光栅背景的"SALI"等;背面文字包括:"流水号"、"保险单号"、"号牌号码"、"保险期间"、"承保公司"、"服务电话"、"注释"以及"月份的反面文字"等。便携型保险标志正面文字包括"强制保险标志"、"年份"以及"中国保险监督管理委员会监制"等;

背面文字包括"流水号"、"保险单号"、"号牌号码"、"保险期间"、"承保公司"、"服务电话"以及"注"等。

a)

b)

图4-29 便携型交强险标志
a)正面；b)背面

2. 车辆损失保险

1)保险责任

保险责任包括：碰撞、倾覆；火灾、爆炸；外界物体倒塌、空中物体坠落、行驶中坠落；车上所载货物、车上人员意外撞击；雷击、暴风、暴雨、洪水、龙卷风、雹灾、台风、海啸、热带风暴、地陷、崖崩、滑坡、泥石流、雪崩、冰陷、雪灾、冰凌、沙尘暴；发生事故时，被保险人或其代表为防止或者减少车辆损失而采取施救、保护措施所支出的必要合理费用；等等。

图4-30所示为倾覆的汽车，假如车主不存在故意行为，就可以从车辆损失保险中获得车辆自身维修费用的赔偿。

2)责任免除

责任免除包括：肇事后逃逸；故意毁坏现场；故意及犯罪行为；酒后驾驶；无证驾驶；车辆无牌或未年检；改变使用性质或所有权转移；非法改装；被扣押罚没；在营业性场所维护；战争等；不明原因产生火灾；自燃仅造成电器、线路、供油系统、供气系统损失；无人驾驶状态；违章装载；自然磨损；轮胎单独损坏；新增设备损失；损失扩大部分；等等。

图4-30 倾覆的汽车

3)保险金额

保险金额由投保人和保险人从下列三种方式中选择确定：

(1)按新车购置价确定(含车辆购置税)。发生全部损失时，在保险金额内计算赔偿，保险金额高于事故发生时汽车实际价值的，按事故发生时汽车的实际价值赔偿；发生部分损失时，按修理费赔偿，但不超过事故发生时车的实际价值。

(2)按车的实际价值确定。按月计算折旧，不足一个月部分不计折旧；折旧率因车辆种类、用途不同而有所不同；最高折旧金额不超过新车购置价的80%。

发生全部损失时，以事故发生时汽车的实际价值赔偿(但不超过保险金额)。发生部分损失时，按保险金额与投保时新车购置价的比例赔偿(但不超过汽车实际价值)。

(3)在投保时被保险汽车的新车购置价内协商确定。

4)赔偿处理

赔偿比例如下:被保险汽车负全责,按100%赔偿,免赔15%;负主要责任,按70%赔偿,免赔10%;负同等责任,按50%赔偿,免赔8%;负次要责任,按30%赔偿,免赔5%;无事故责任或无过错的,不赔偿;单方事故责任免赔率为15%;应由第三方负责却无法找到的,在符合赔偿规定的金额内实行30%绝对免赔率;行驶区域超出约定,增加10%绝对免赔率;非约定驾驶人驾驶的,增加10%绝对免赔率。

赔偿时以车辆的实际价值为限。保险合同中的实际价值是指新车购置价减去折旧金额后的价格,私家轿车的月折旧额为0.6%。

3. 第三者责任险

1)保险责任

被保险人或其允许的合法驾驶人在使用被保险汽车过程中发生意外事故,致使第三者遭受人身伤亡或财产直接损毁,应由被保险人承担的赔偿,保险人对于超过交强险各分项赔偿限额以上部分负责赔偿。

图4-31所示的大客车导致了路政设施的损坏,一般可以通过第三者责任险获得赔付。

图4-31 大客车撞坏过街天桥

2)责任免除

责任免除范围包括:被保险人、驾驶人及双方家庭成员的人身伤亡、所有或代管的财产损失;车上人员的人身伤亡或财产损失;无证驾驶;非被保险人允许的人使用被保险汽车;车辆无牌或年检不合格;被盗抢期间造成第三者人身伤亡或财产损失;等等。

3)责任限额

第三者责任险的责任限额分为5万元、10万元、15万元、20万元、30万元、50万元、100万元、100万元以上(必须是50万元的整数倍)等档次。责任限额由投保人和保险人在签订保险合同时协商确定。

4)赔偿处理

因保险事故损坏的第三者财产,应当尽量修复。保险公司依据被保险汽车驾驶人在事故中所负的事故责任比例,承担相应赔偿责任:负全责,按100%赔偿,免赔20%;负主要责任,按70%赔偿,免赔15%;负同等责任,按50%赔偿,免赔10%;负次要责任,按30%赔偿,免赔5%。违反安全装载规定的,增加免赔10%;非指定驾驶人驾驶出险的,增加免赔10%;在约定行驶区域以外出险的,增加免赔10%。

4. 全车盗抢险

1)保险责任

保险责任包括:被保险汽车被盗窃、抢劫、抢夺,经出险地县级以上公安刑侦部门立案证明,满60天未查明下落的全车损失;全车被盗窃、抢劫、抢夺后,受到损坏或车上零部件、附属设备丢失需要修复的合理费用;被保险汽车在被抢劫、抢夺过程中,受到损坏需要修复的合理费用。

2)责任免除

责任免除范围包括:在营业性修理厂维修期间被盗抢;从事违法活动;无公安部门核发的行驶证或号牌,或年检不合格;新增设备的损失;仅零部件或附属设备被盗窃或损坏(图4-32);被盗抢期间造成人身伤亡或本车以外的财产损失;索赔时,未能提供停驶手续或出险地县级以上公安刑侦部门出具的盗抢立案证明;等等。

图4-32 车轮被盗的汽车

3)免赔率

全车损失的,绝对免赔率为20%;未能提供《机动车行驶证》、《机动车登记证书》、汽车来历凭证、车辆购置税完税证明,每缺少一项,增加免赔1%;原车钥匙不全,增加免赔1%~5%;非指定驾驶人使用被保险汽车的,增加免赔5%;在约定行驶区域外,增加免赔10%。

5. 车上人员责任险

1)保险责任

被保险人或其允许的合法驾驶人在使用被保险汽车过程中发生意外,致使车上人员遭受人身伤亡,保险人负责赔偿(图4-33)。

2)责任免除

责任免除范围包括:故意行为造成的人身伤亡;违法、违章搭乘人员的人身伤亡;车上人员因疾病、斗殴、自杀等造成的自身伤亡;车上人员在车下时遭受的人身伤亡;等等。

3)赔偿处理

每次事故的人身伤亡按法律、法规规定的赔偿范围、项目和标准以及保险合同的约定进行赔偿。赔偿金额不超过保单载明保险人数每次事故每人的责任限额。

6. 玻璃单独破碎险

1)保险责任

被保险汽车风窗玻璃(图4-34)或车窗玻璃的单独破碎,保险人负责赔偿。

2)责任免除

责任免除包括:安装、维修汽车过程中造成的玻璃单独破碎。

图4-33 未系安全带,追尾导致乘员甩出

图4-34 汽车风窗玻璃破碎

7. 车身划痕损失险

1）保险责任

无明显碰撞痕迹的车身划痕损失，保险人负责赔偿。

2）责任免除

责任免除范围为：被保险人及其家庭成员、驾驶人及其家庭成员的故意行为造成的损失。

3）保险金额

保险金额分别为2000元、5000元、10000元或20000元，由投保人和保险人在投保时协商确定。

4）赔偿处理

在保险金额内按实际修理费用计算赔偿；每次赔偿实行15%免赔率；在保险期间内，累计赔款金额达到保险金额，本附加险保险责任终止。

8. 自燃损失险

1）保险责任

保险责任包括：因被保险汽车电器、线路、供油系统、供气系统发生故障或所载货物自身原因起火燃烧造成本车的损失；发生保险事故时，被保险人为防止或者减少被保险汽车的损失所支付的必要的、合理的施救费用（图4-35）。

2）责任免除

责任免除范围为：自燃仅造成电器、线路、供油及供气系统的损失；所载货物自身损失。

图4-35　自燃的汽车

3）赔偿处理

全部损失，在保险金额内赔偿；部分损失，在保险金额内按实际修理费用赔偿。每次赔偿实行20%免赔率。

9. 不计免赔率特约条款

1）保险责任

经特别约定，保险事故发生后，按照对应投保的险种规定的免赔率计算的、应当由被保险人自行承担的免赔金额部分，保险人负责赔偿。

2）责任免除

车辆损失险中应该由第三方负责而无法找到的；"私了"后无法证明事故原因的；因违反安全装载规定而增加的；非指定驾驶人使用被保险汽车而增加的；在约定行驶区域以外而增加的；因保险期间内发生多次保险事故而增加的。

全车盗抢险中，汽车被盗抢后，未能提供《机动车行驶证》、《机动车登记证书》、汽车来历凭证、车辆购置税完税证明或免税证明、钥匙而增加的等。

二、如何购买汽车保险

1. 为什么需要购买汽车保险

购买汽车保险，基于两个原因：

第一,国家法律规定。自2006年7月1日起,我国开始施行《汽车交通事故责任强制保险条例》。强制汽车责任保险是国家基于公共政策的考虑,为维护社会大众的利益,以颁布法律或行政法规的形式实施的。由于是国家法律的规定,不管被保险人是否愿意,汽车所有人必须投保,目的在于保障交通事故受害者能获得基本的赔偿。凡不购买此险种的汽车,将无法获得上路行驶的资格。

第二,使用汽车是为了提高生活品质,但汽车属于上路行驶的机器,有可能发生不测,会给自己、给别人带来伤害。一旦发生意外,可能就会面临即使倾家荡产也无法补偿的境地,这就需要通过保险来化解风险。美好的生活不应该因为用车出现意外而受到较大影响。

2. 选择哪家保险公司

承保汽车保险的保险公司有30家左右。其中,中国人保、太平洋保险、中国平安(图4-36)属于开业时间较长、市场占有率较高的三家公司,理赔较规范,实力较雄厚。如果你的车价格相对较高,或者对维修质量有比较高的要求,建议选择大公司投保,而且最好就在买车的4S店投保。这样可以省去理赔过程中的许多麻烦。当然,作为实力雄厚的大公司,可能保费要略微偏高,条款也有一些不可通融之处。

a)   b)   c)

图4-36 中国三大财产保险公司标志
a)中国人保标志;b)太平洋保险标志;c)中国平安保险标志

经营规模较小的保险公司,其经营特点一般正好与大公司相反,可能他们的赔付额度不如大公司,定点维修厂技术水平也不如大公司,而且有时候服务质量不够可靠,但通常保费会比较低。如果你的车价不高,或对维修质量没有特别要求,建议选择小公司,这样在费用方面比较节省。

3. 购买哪些险种

购买什么样的险种,取决于汽车的档次、新旧程度、用途、行驶及停放区域、是否约定驾驶人等。目前,交强险是强制购买的;车辆损失险是投保许多附加险的前提;在附加险中,车主可根据自己的情况及需要选购。

一般说来,作为私家车,购买交强险、车损险、第三者责任险、玻璃单独破碎险、车身划痕险、车上人员责任险、盗抢险、不计免赔损失险等共计8项就可以了。

不过,有些险种可以根据自己的实际情况舍弃,如:如果你的车一直都在比较可靠、安全的停车场停放,上下班路途中也没有什么特别僻静的路段,可以不保盗抢险;如果车很便宜,那玻璃单独破碎险的保费就可能达到玻璃自身价格的30%~40%,可以放弃玻璃单独破碎险;新车自燃概率很低,可以不保自燃险;如果只是在市区行驶,车上人员责任险也可以不保。

作为汽车4S店的经营人员,可以建议车主购买"4S店特约维修险",这样可以省去车主与保险公司间将来真对事故车辆是否在4S店维修的扯皮现象。

私家车主的保险方案推荐见表4-7。

几种私家车主的保险方案　　　　　　　　　　　　表4-7

方案	险种组合	保障范围	特点	适用对象
最低保障	交强险	只赔偿第三者的损失	只有对别人的最低保障,费用低	急于上牌照或通过年检者
基本保障	交强险+车损险	只投保基本险,不含任何附加险	费用适度,能够提供最基本保障	有一定经济压力的车主
经济保障	交强险+车损险+10万元限额三者险+不计免赔+盗抢险	大的损失项目可以获得保障	投保5个最必要、最有价值的险种	是个人精打细算的最佳选择
最佳保障	交强险+车损险+20万元限额三者险+不计免赔+盗抢险+车上人员责任险+风窗玻璃险	常见损失项目都得到了保障	第三者损失、车的损失、车上人员损失都能得到保障	一般公司或个人
完全保障	交强险+车损险+50万元限额三者险+不计免赔+盗抢险+车上人员责任险+风窗玻璃险+新增加设备损失险+自燃险	全面保障	几乎与汽车有关的全部事故损失都能得到赔偿,但保费较高	经济条件好的车主

4. 两个投保误区

所谓两个投保误区是指:超额投保或不足额投保;重复投保。

所谓超额保险,就是高于汽车购买价格投保,车主认为多投保可以多获赔;不足额投保则恰好相反。

事实上,这两种投保都不能得到有效保障。《保险法》规定,保险金额超过保险价值部分无效;保险金额低于保险价值的,除合同另有约定外,保险人按照保险金额与保险价值的比例承担赔偿责任。

重复投保是指车主在一家保险公司为自己的汽车投保之后,再到其他公司投保。尽管花了多份保费,但出险后却只能得到一份赔偿,各家承保公司按比例赔付,这样可以说是便宜了保险公司。

图4-37 车险代理

5. 关于代办保险

投保时要去保险公司营业场所,或是在持有保监会核发的《保险兼业代理许可证》的代理网点办理,不能贪图便宜,相信山寨版的车险代理商(图4-37)。

不要贪图便宜、方便而随便委托他人代办,除非对他100%的信任。

拿到保单后,最好按照其上的报案电话(表4-8)

查询一下,看在保险公司的系统中可以查到已投保了哪些险种的信息。

假如代办人员没有将保费交到保险公司,出现点小的剐蹭,他可能就得自己掏钱给你修了,可一旦发生大的车祸,就没人给你承担赔偿了。

部分车险公司报案电话　　　　　　　　　　表4-8

公 司 名 称	报案电话	公 司 名 称	报案电话
中国人民财产保险股份有限公司	95518	安邦财产保险股份有限公司	95569
中国太平洋财产保险股份有限公司	95500	永诚财产保险股份有限公司	95552
中国平安财产保险股份有限公司	95512	阳光财产保险股份有限公司	95510
天安保险股份有限公司	95505	中国人寿财产保险股份有限公司	95519
永安保险股份有限公司	95502	上海安信农业保险股份有限公司	4008200081
华泰财产保险股份有限公司	95509	天平汽车保险股份有限公司	4006706666
中华联合财产保险股份有限公司	95585	都邦财产保险股份有限公司	4008895586
中国大地财产保险股份有限公司	95590	民安保险(中国)有限公司	4008895506
华安财产保险股份有限公司	95556	中银保险有限公司	4006995566

6. 关于挂靠投保问题

千万不要贪图便宜(pian yi)和便宜(bian yi),将自己的私家车挂靠在单位投保,否则,有可能在索赔时成为局外人。这是因为:

第一,非营运车与私家车用途不同,保险公司可以以车辆不在承保范围拒绝理赔。

第二,代理人的承诺是口头的,出险后,保险公司可能以投保人未履行如实告知义务为由拒绝理赔。

第三,发生事故后,需要到单位开证明,并在报案表上盖单位公章,还要使保险公司的查勘人员确信这是单位公车,理赔时将款项打进单位账户⋯⋯这就需要考验车主和方方面面人士的交情是否够,只要有一个方面走不通,保险公司不予赔付就在所难免。

7. 注意事项

(1)保险车辆须有合法行驶证及号牌,并且车与证都要经检验合格,否则保险单无效。

(2)投保时将车的现状及所属权益如实告知保险公司。

(3)保险公司规定,车身损失险要按新车价格投保(图4-38)。因为无论新车还是旧车,修理时都要更换新件,旧车修理费用与新车一样。但盗抢和自燃损失险可以按实际价值投保,新车和旧车保费不同,出险后所得赔偿也不相同——新车交费多,所得赔偿多;旧车交费少,所得赔偿少;即使旧车按新车标准交费,被盗或自燃后,依然只能获得旧车标准的赔偿。

图4-38　旧车车损险保费,需要按照新车标准交

(4)对于保险业务人员做出的一些承诺,一定要落实到文字上,或者在条款中有明文规定或者在保险单特别约定栏注明,否则今后一旦发生争议,被保险人很难取证。

(5)办完保险手续拿到保单后,立即核对保险单上列明的项目(如车牌号、VIN、投保险种等)是否有错漏,如有错漏立即提出更正。

(6)在保险合同有效期,保险车辆转卖、转让,被保险人应及时向保险公司申请办理批改。

(7)当车辆改变使用性质或改装变形时,被保险人应事先通知保险公司,并申请批改。如车辆的危险程度增加了,除书面通知保险公司外,还应按规定补交保险费。

汽车登记规定允许变更的项目有:小型、微型载客车加装前后防撞装置;货车加装防风罩、水箱、工具箱、备胎架等;汽车增加车内装饰等。其他项目均不允许改动,尤其是汽车外形、结构、颜色这三项。

(8)及时续保。天有不测风云,万一车辆就在刚到期的那天出了事故,悔之晚矣。应该记住保险的截止日期,提前办理续保。

三、汽车保险索赔须知

1. 保险公司受理赔案流程

当遇到汽车保险案件时,保险公司是按照图4-39所示的流程进行受理的。车主需要在报案、查勘、定损、结案处理等主要环节直接参与。

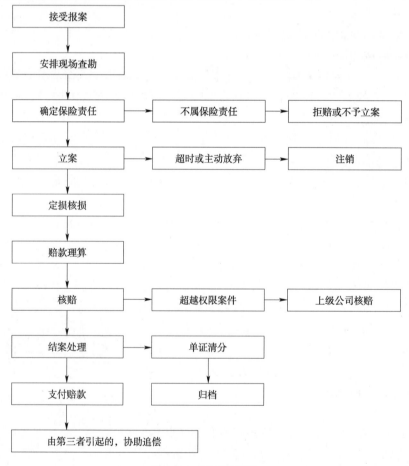

图4-39 车险理赔流程

2. 舒心索赔注意事项

（1）必须持有效驾驶证，且驾驶证与所驾车型吻合，驾车行为得到了被保险人的许可。

（2）保险卡应随车携带。发生保险事故后，立即通知保险公司并向交警报案。

（3）一定要按期年检，并获得车辆、证件的年检合格证。保险只对合法驾驶人驾驶合格车辆生效，对于未年检的车辆视为不合格车辆；对于该审未审的驾驶证视为不合格驾驶证。在这种情况下，车辆丢了白丢，撞了白撞，保险买了白买，顶多退回保险的现金价值。

（4）索赔材料。索赔时，需要提交的相关材料有：保险单正本、事故责任认定书、事故调解书、法院判决书、人员伤亡等费用单据、伤残鉴定证明、财产损失清单。

有人员伤亡时，可以负责赔偿的合理费用为：医疗费、误工费、护理费、就医交通费、住院伙食补助费、残疾者生活补助费、残疾用具费、丧葬费、死亡补偿费、被抚养人生活费等。申请以上各项费用，都需提供相应证明。

车辆被盗，索赔时还需提供汽车行驶证、购车原始发票、车辆购置附加费凭证、车钥匙、公安刑侦部门出具的盗抢案件证明、车辆报停手续等。

（5）出险后怎么办？24小时内通知交警并保护好现场；48小时向保险公司报案；协助保险公司查勘、定损；备齐必要单证，及时向保险公司申请索赔；结案后，尽快领取赔款。

（6）撞伤第三者或车上人员受伤。汽车撞伤了人（图4-40），应及时向交警和保险公司报案。事故结案前，所有费用均由被保险人先行支付。在支付前，需得到保险公司同意，否则，保险公司有可能以"对被保险人自行承诺或支付的赔偿金额，保险人有权重新核定或拒绝赔偿"的条款规定而拒赔。

需要说明的是：事故发生后，如果驾驶人贸然救人，有可能面临无法得到保险公司全额赔偿的困境。因为，按照保险合同条款的约定，发生

图4-40 撞伤了人的事故现场

事故后，如果车主擅自移动车辆，破坏了事故现场，保险公司只赔付总赔偿额的50%。因而，发生事故后应及时向保险公司报案，描述案情经过和损失程度，并要求交警为其开具救人证明，然后救人。这样由于程序正确、手续齐全，保险公司是没有理由拒赔的。

（7）被盗抢车辆的索赔。如果车不幸被盗抢，应在24小时内向公安部门报案，在48小时内通知保险公司。然后按照要求备齐相关材料，60天后去保险公司索赔。

但是，假如被盗车辆属于未挂牌新车，那么无论是否购买了盗抢险，都无法获得赔偿。因为，保险车辆必须具备两个条件：须有公安交通管理部门核发的行驶证、号牌；在规定期间经公安交通管理部门检验合格。承保时，对于某些保户，可以经特别约定对"先保险，后核发号牌"的新车负责车损险和三者险。但盗抢险并未生效，自然也得不到赔偿。

（8）第三方不肯赔偿怎么办。如果由于第三方的责任使汽车发生碰撞、倾覆，造成了损失，需要交警先确认责任，然后向第三方索赔。如果第三方不肯赔，则向人民法院提起诉讼。经法院立案后，被保险人可以书面请求保险公司先赔偿（向保险公司提供人民法院的立案证明），保险公司按保险合同的约定先行赔付。此时，被保险人须签具权益转让书，将向第三方

追偿的权利部分或全部转让给保险公司,并积极协助保险公司向第三方追偿。如果被保险人放弃向第三方索赔而直接向保险公司索赔,保险公司将不予受理。

(9)第三者是谁?在车辆保险合同中,保险公司是第一方,被保险人是第二方,除保险公司与车主之外,且在交通事故中受害的人或物是第三方,也叫第三者。

据此,下述人员或财产不属"第三者"范畴:一是车主或其允许的驾驶人及双方家庭成员;二是车主或其允许的驾驶人及双方家庭成员所有、代管的财产;三是本车之上的一切人员和财产。

保险公司的理赔遵循一个原则:肇事者本身不能获得赔款,即保险公司付给受害方的赔款,最终不能落到车主手中。之所以将家庭成员排除在第三者责任险之外,目的就是为了防止骗保。因为保险公司无法判断驾驶车辆撞伤家庭成员、撞毁自有财产的,是否存在故意。

所谓的"家庭成员"是指配偶以及居住在一起的父母、子女、兄弟姐妹。就配偶来说,无论是否居住在一起,都互为家庭成员(图4-41);而对于后者,如果在财产上已经分割,经济上各自独立,那么,就不应该看做是家庭成员了。

因此,当所有权属于同一个人的两辆汽车相互碰撞时,不存在受害的第三方,保险公司不会以三者险进行赔付。一般是只能对其中一辆受损车辆以车损险名义理赔。

图4-41 "老婆,你永远都不是第三者!"

(10)拒赔车险不赔案举例。即使购买了汽车保险,也并非只要发生事故造成了损失,保险公司就会赔付。以下是几种不可能获得赔付的典型情况:

①肇事逃逸。只要交警认定为肇事逃逸,就别想从保险公司的商业保险中拿到任何一个险种哪怕一分钱的赔付。

②驾驶人无责任。根据条款,驾驶人无责,保险公司就不承担赔偿责任。

③驾车撞了自家人。属于第三者责任的免责范围,最多可以获得本车碰撞损失的理赔。

④酒后驾车肇事。这属于违法行为,保险公司不可能支持因违法而造成的损失。

⑤收费停车场中丢车。由于收费停车场或营业性修理厂对车辆负有保管责任,可以找其索赔。

⑥无牌照车被盗,无法获得盗抢险的赔偿;未年检车出险,无法获得任何赔偿。保险只对合格车辆生效,无牌、未年检的车都不属于合格车,在这种情况下,买了保险也是白买。

⑦驾驶证未年审。驾驶证没有年审,失去驾驶资质。

⑧对方全责却不追偿。无论对方是谁,被保险人都必须先向其索赔,才有可能获得保险公司的赔偿。一旦放弃了向第三方追偿,也就放弃了向保险公司要求赔偿的权利。

⑨黑车出险不赔。这属于改变了车辆的用途,没有向保险公司履行如实告知义务,保险公司不会赔偿你的损失。因此,千万别用私家车搞营运!

⑩车辆被盗抢期间,发生的第三者损失。

第六节　客户抱怨受理机制

一、概述

1. 什么是客户抱怨

所谓客户抱怨,是指客户对你所提供的产品不满和责难,或者对于提供服务过程中的任何一个举动不赞同、提出质疑或拒绝接受的行为。

客户的抱怨是由对产品或服务的不满意而引起的,所以抱怨行为是不满意的具体反应。客户对服务或产品抱怨,意味着经营者所提供的产品或服务没有达到他的期望、没有满足他的需求。另一方面,也表示客户仍旧对经营者具有期待,希望能改善服务水平。

客户抱怨可分为私人行为和公开行为。私人行为包括回避重新购买或再不购买该品牌、不再光顾该商店、说该品牌或该商店的坏话等;公开行为包括向商店或制造企业、政府有关机构投诉、要求赔偿。

2. 客户抱怨类型

客户抱怨时,尽管内容可能千差万别,但还是有一定的规律。从不同角度可以得出不同分类:

1)抱怨的真实性

从抱怨的真实性划分,可以分为两类:

(1)真实的抱怨,即有事实依据的抱怨。

(2)虚假的抱怨,即缺乏事实依据或与主题毫无关系的抱怨。

2)抱怨的内容

从客户抱怨的内容来看,可以分为5种情况:

(1)工作人员的服务态度。

(2)配件质量有问题。

(3)维修质量存在问题。

(4)拖延维修时间,未能及时将车修好。

(5)收费不透明。

二、如何减少客户抱怨

1. 提供高质量的维修服务

紧紧抓住汽车进厂维修的三个关键时刻,努力做好各个环节的工作,向客户提供高质量的汽车维修服务。

1)诊断汽车故障

准确诊断汽车故障,是提供高质量维修服务的基础。

(1)记录故障症状。客户前来报修,要按客户的描述记录下故障症状。如果客户没有主动说出汽车症状,则应询问汽车现在的工作状况。

图 4-42　认真检查潜在故障

注意：此时维修接待人员应该准确而全面地记录下汽车的故障症状，而不是解决问题的方法（图4-42）。

（2）向客户说明故障诊断的程序及收费标准。把客户报修时所描述的故障症状记录下之后，就应向客户说明诊断的基本程序、收费标准及收费依据。

如果客户在接受维修之前就明白了故障诊断的程序及收费标准，就会减少这方面的抱怨。否则，个别客户在帮他确诊了故障之后，可能借口维修价格太贵或暂时没有时间修车而开车离开，并以"你们只是帮我看了看，并没有维修"为由拒绝交费，引起抱怨。

（3）分析故障。从客户处获得关于故障的描述后，不要马上下结论，要让客户用自己的话说出问题的真相，然后再与自己诊断后的判断进行比较。这样，就能基本保证工作单上信息的准确性了。

2）说服客户同意维修

完成故障诊断后，就要说服客户尽量同意修理。这不仅是修理厂的利益需要，也是减少抱怨的重要构成要素。步骤如下：

（1）描述故障真相。告诉客户你发现了什么问题，为什么需要维修？

（2）说明解决方法。告诉客户打算采用什么方法维修，并解释清楚这种修理方法的特点和优点（图4-43）。

需要注意的是："特点"与"优点"是两个完全不同的概念，特点描述的是事物自身的特征，如发动机运转不稳、制动跑偏、空调工作效果不佳等；而优点则说的是所采纳的方式或提供的事物可以给车主带来的利益，如价格低廉、节省时间、节约油耗、提高性能、保障安全、使用便利等。

（3）报出估价，让客户同意维修。在向客户说明了检查所发现的问题、维修必要性、维修价格后，尽量说服客户同意维修。

3）修复交车

完成维修工作后，还需要注意交车环节。客户维修了车辆后，他最关心的问题应该是：

第一，是否维修好了他的车；

第二，他的维修是否物有所值；

第三，假如出现了问题，你们是否负责。

为了获得这个环节的客户满意，需要做以下事情：

（1）让客户放心用车。将汽车内外清理干净，交给客户一辆没有故障、干干净净的车；对潜在的、客户没有要求维修的问题，说明应该如何诊断和防范；向客户说明维修之后的保修

图 4-43　向客户解释维修方案

期限;向客户推荐定期的维护程序;感谢客户的光临。

(2)向客户提供维修消费的明细账目,详细说明材料费、工时费、管理费的收费标准及依据,让客户明明白白消费。

(3)将旧零件交还客户。完成维修作业时,要尽可能留下旧零件,当客户来取车时,把这些替换下来的旧零件交还给客户。这件事情虽然不大,但客户很容易相信确实给他更换了相关的零部件,容易与客户建立起相互信任的关系。因为这种做法超过了客户的期望,很容易感动他们(图4-44)。

2. 补救性服务

某些小小的错误或者一时疏忽,会损害汽车维修商在客户心目中的良好形象。这时就需要进行补救性服务。如:

(1)客户等了半天无人理睬。
(2)未能按时修好客户的汽车。
(3)工作单上打错了客户名字。
(4)客户来提车了,还没有将车洗干净或者没有列出维修服务的账单……

图4-44 "你好先生,这是换下来的旧件"

此时,就需要进行补救。补救工作分三步:说声对不起;马上动手解决问题;给予客户一些关照。

1)说声对不起

说声对不起,表明你在向他道歉,但道歉并不是主动承认错误,而是让客户知道你很在意引起他不满的事实,并且正在想办法尽快改正。

当面对一位心情不好的客户时,一句道歉就有可能平息他心中怒火,化解矛盾。

2)马上动手解决问题

倾听客户对问题的评价及解决要求,马上动手解决。

对于比较简单的问题,如加快维修进度、更改填写有误的工作单、更换维修发票、寻找遗失的价值低廉的物品、更换有瑕疵的装饰品、清洗车身等,可以轻而易举地得以补救。

对于比较复杂的问题,由于已经损坏或者自身的错误,已经没有补救的可能了,就需双方达成协议,如未经许可对发动机进行了大修、将更换下来的变速器作为废品处理了等。

一定要注意,对于一般的小问题,不要争论客户是对是错,即使客户错了,花费大量的时间去弄清问题真相可能比解决问题的成本还要高;对于复杂的问题,也应该首先找到解决问题的方法,再讨论责任分担问题。以下是几种常见过错的补救措施:

(1)粗暴接待客户。出现这种情况,往往是因为缺乏良好沟通造成的,客户非常反感这种行为。如:冷落客户、对客户不耐烦、拒接或不回复客户的电话、指责客户、与客户争吵等。

出现这种情况,必须从提高对客户的认识开始纠正,视客户为上帝,努力提高自身修养。

(2)信息不准确。向客户提供的信息要准确,稍有马虎,就可能给客户带来的麻烦。如:

①向客户推荐的产品说明书中信息不全,客户无从判断;
②没有交代清楚交车的准确日期和时间;
③向客户提供的地址、邮编、电话、邮箱等有错或不详;

④估价与实际维修后所发生的价格误差悬殊……

解决这类问题需从提高自身工作责任心和业务水平做起,多站在客户的角度考虑问题。

(3)填写工作单有误。作为客户,希望工作单上的所有项目都能准确无误。如果出现维修项目错项、漏项,客户或车牌名称写错、配件、工时、价格不准等,客户就会对你的工作质量不满。

解决这种问题的办法比较简单:一是提高工作责任心;二是提高业务水平;三是坚持"有错就改、错哪儿改哪儿、马上就改"的原则。

(4)错过期限。错过期限的常见情况有:

①告诉打进电话的客户拿着话筒等一会儿,结果自己忘了或者半小时后才回来接电话。

②约定了具体时间给客户发邮件、短信或传真,客户等了几小时后才收到。

③没能按时履约会见客户。

④约定了提供服务的具体日期或时间范围而没来提供服务。

⑤交车日期已过一天以上,客户仍不能取到车……

要尽量避免不准时的事情发生。一旦不可避免地要发生,首要考虑客户心情及如何补救。假如无法准时,一定要提前通知客户,请其谅解。越是提前通知,客户就越能谅解,越是临近期限通知,客户越厌烦。

譬如,如果当初约定客户3天后可以交车,但由于配件短缺,需要5天才能完成,那么就应该在第二天电话通知客户,并请其谅解,表明正在积极努力,争取尽快修好,而不是第三天客户来提车时,才告知"回去等吧,后天再来"。

(5)客户对维修服务不满。有时候,无论是主观还是客观原因,都可能引起客户对维修服务的不满,如:员工服务态度差、误解了客户的需求、停电、计算机工作失灵、配件缺货、配件质量差、维修质量差、收费不透明等。

当客户对所提供的维修服务不满时,不可一味地找借口来推卸责任,最好的办法是补救性服务,按照"缺啥补啥,哪儿差改哪儿"的原则进行改正。

3)给予客户一些关照

给予客户某些关照的目的是让客户知道你对自己所犯错误的改正是真诚的,这种错误以后再也不会发生了,并且让客户知道你非常在意与他的业务合作。具体措施有:

(1)补救性免费赠品。例如:

①供应一顿免费午餐,补偿因自己工作拖拉而耽误的客户用餐。

②更换维修作业中被油污污染了的坐垫。

③暂借代步用车或者派车送其回家,补偿没有按时完成维修作业,而给客户带来的不便。

④赠送一瓶空气清新剂,补偿维修过程中造成的驾驶内浓重烟味……

这种关照花费不多,但却作为一种载体表达了你的歉意。

(2)补救性折扣。因为本次服务的失误,给客户造成了不便,也间接造成了损失,可以在客户下次维修时给予一定的优惠(通常为优惠工时费的20%~30%)。假如客户要求在本次优惠,可以以"单子已经打好,账目已经结算"来推辞、谢绝。

(3)补救性个人交往。在经历了一次令客户不愉快的维修服务后,你真诚地给客户打电话、解释原因、进行沟通,既会有助于问题的解决,也会建立起来私人的交往关系,这对重树公司信誉是有很大帮助的。

三、抱怨处理技巧

客户出现抱怨,看似一个简单的事情,其实背后所反映的,可能是一个系列工程,必须做好一系列的工作,才能减少乃至消除抱怨。

处理客户抱怨,假如按照下述的"1、2、3、4、5、6"方法进行,一般都可以得到圆满解决。

1. 推行一项制度

在处理客户抱怨时,应该推行"首问负责制",不要推诿。

所谓"首问负责制",是指第一个受理客户抱怨的人,要全权负责解答,或者负责联系相关人员解答客户的抱怨并确保客户满意(图4-45)。

假如客户抱怨被推诿,在以"维修接待—维修技师—客服经理—总经理"的方式循环的话,他一定不会高兴,这种做法也是对个人、维修店、客户不负责任的一种表现。

首问接待者能当场处理的,要当场解决;不能当场处理或不属于自己职责范围内的,应该做到:

(1)说明原因,给予解释。
(2)将来人带到或指引到相关部门。
(3)用电话与相关部门联系,及时解决。
(4)转告有关人员的电话号码或办事地点。

图4-45 首问接待者,负责处理客户抱怨

2. 坚持两个做法

1)倾听与解释

如果客户抱怨对维修服务不满,无论你是对还是错,均应首先向客户道歉。

客户的本意是:表达他的感情并把他的问题解决。

当抱怨的客户向你陈述时,他的不满情绪会得到发泄,这对问题的解决十分有利。假如他的陈述被突然打断,既显得对抱怨人不礼貌,也对问题的解决十分不利。当客户发泄时,最好的回应方式是:闭口不言、仔细聆听。当然,不要让客户觉得你在敷衍他,要保持情感上的交流。

认真听取客户的话,把客户遇到的问题判断清楚,然后通过话语引导,让客户将他不满意的问题说出来,边听边记录,在对方陈述过程中判断问题的起因,抓住关键因素。听不清楚的,要用委婉的语气进行详细询问。

听完客户的陈述之后,把你所了解的问题向客户复述一次,让客户予以确认。适当解释客户的误会或者造成这一问题的相关原因。了解完问题之后再征求客户意见,如:你认为如何处理才合适?你有什么要求?等等。

2)补救或补偿

处理抱怨客户的返修时,对于通过补救可以解决的小问题,应该马上安排人员进行补救;对于无论如何也无法补救了的损失,要在请示经理的前提下,给予客户适度补偿(如馈赠赠品、折扣优惠等)。

一定要坚持这样的公司利益原则:让公司赚钱,不赚不赔,少赔为赚。

给予客户补偿、满足客户需求的几种常用方法有:

(1)不要忘了照顾客户。

(2)了解客户的期待,立即满足。

(3)立即派人处理目前最紧急的事情,满足客户眼前的需求。

(4)掌握客户真正的需求。

(5)注意客户不经意的言语,注意客户反应。

(6)关心客户同行的人,注意其家人或朋友的感受及需求。

(7)随时问候、关心客户,设定服务施工的预计时间。

(8)面向客户,随时微笑、点头。

3. 明确三类人职责

客户的抱怨,主要涉及三类人员:维修接待员、维修技师、经理。

处理客户抱怨时,需要分别明确这三类人各自的职责。

1)维修接待员

要诚恳而礼貌地接待客户,指导客户填写《客户抱怨受理表》(表4-9),认真听取客户的抱怨,马上检查导致客户抱怨的现象,准确判断发生故障的原因并做出相应的处理与安排:

客户抱怨受理表 表4-9

客户信息	客户姓名		性别		联系电话	
	单位或住址				职务职称	
	其他背景					
车辆状况	车型		VIN		车架号	
	销售商		牌照		购车日期	
	行驶里程		维修情况			
投诉	故障日期		驾车人		抱怨要求	
	抱怨日期		故障里程			
故障处理前	车辆状态					
	客户态度					
故障处理后	车辆状态					
	客户态度					
客户反馈	处理结果:	满意□	基本满意□	不满意□	客户签字	
	处理速度:	满意□	基本满意□	不满意□	年 月 日	
结案情况	抱怨受理人签字:_____ 年 月 日			经理签字:_____ 年 月 日		

（1）维修质量不佳引起的抱怨。无论是因为所用配件不当,还是维修技师因疏忽而导致的缺陷,均应马上表示道歉,并立即安排维修。如果需要花费的时间较长,可以将车留下,并给予客户适度的补偿:如送其回家、报销车费、赠送小礼品等。

假如客户言辞强烈,车辆存在严重的质量问题,应即刻通知公司经理,马上寻找解决问题的可行性方案,以示对客户的理解和关注。

（2）客户个人感觉不满引发的抱怨。假如所采用的配件符合要求,维修工艺也符合国家标准或企业承诺的标准,而客户只是个人感觉不满,应该向客户提供相关的标准、数据、依据,耐心解释。解释时尽量采用客户容易明白的话语,让客户能够听明白。

处理这类抱怨时,既要坚持原则,又要注意别伤了客户的感情。如果感觉客户"难缠",也可以适度答应一些无关紧要的要求,给他一个台阶,照顾一下他的面子。

（3）客户使用不当引发的抱怨。假如问题是因为客户使用不当造成的,要明确指出造成问题的真实原因,只是所采用的态度可以委婉些。同时,要提醒客户以后使用时的注意事项。

2）维修技师

导致客户抱怨的维修技师,必须按照维修接待的派工要求,及时维修遭遇抱怨的车辆,并确保客户满意。

3）客服经理

客服经理主要负责参与处理重大的客户不满。接到报告后,出面安抚客户情绪,在自己权限范围内立即提出处理方案,并在规定时间内组织实施,达到客户满意。对于不能及时处理的问题,要提出合理化建议,同时对事态的发展应该有预见及应对预案。

4. 坚持四个原则

（1）掌握政策,正确判别。客户抱怨时,必须正确判断其抱怨的实质,分析出因果关系,然后判别抱怨是否合理。

为此,首先要了解相关的法律、法规,以便准确无误地给抱怨项目的合理性进行定性,这一点至关重要。对于不合理、不合法、不合情的抱怨要求不能迁就。

（2）以理服人,礼貌待客。当发生不合理抱怨时,在坚持原则的前提下不能违背服务宗旨,要礼貌待人,不能失礼,更不能用极端方式处理。

（3）调查分析,实事求是。接到客户抱怨后,必须进行调查分析;要听取抱怨人的陈述,还要向有关人员了解维修过程,听取被抱怨人表述;既要尊重抱怨人意见,又要尊重被抱怨人意见;通过调查,得出合理判断,实事求是地解决问题。

（4）赏罚分明,统一尺度。假如客户抱怨正确,就要对被抱怨人做出相应处理！处理相关人员时,要注意关联性,只处理被抱怨事件本身的当事人,而不处理抱怨起因的责任人是不对的。

例如,客户抱怨制动失灵,检查发现属于制动蹄片质量不佳及间隙调整不当双重原因引起的,如果只处理维修技师,而不处理负责购买零配件的人员,维修技师就会心里不服。

如果抱怨属于相关人员工作责任心不强引起的,必须从严处理。因为这是人人都能做到、做好的。只有这样,才能举一反三,教育员工,同时也可避免同类抱怨事件的再次发生。

5. 做好五方面工作

(1) 热情接待,听取陈述。抱怨客户肯定带有不满情绪,因而,热情对待是十分必要的。一块纸巾、一支香烟,也许就能不同程度地化解抱怨客户的某些不满(注意:不可以给正在激动抱怨的车主倒水,尤其是不能倒热水)。

先请客户坐下来,再虚心听取他的不满诉说,让其发泄。客户抱怨时,全神贯注地看着对方,频频点头,以示重视。一般来说,抱怨的客户通过语言发泄会大大降低不满情绪,这为下一阶段的解决问题奠定下了良好的基础。

要明白,客户信赖你,觉得你可以为他解决问题才向你求助的。不要随便给客户下判断。

如果维修店对客户的抱怨避而不见,是极不明智的。这不仅无助于问题的解决,而且会把客户引向其他机构投诉。一旦第三方介入,处理起来会更加困难。另外,客户的抱怨对企业的发展也有积极的推动作用:

①可以指出公司的缺点或不足。
②可以获得继续为他服务的机会。
③可以提高处理抱怨人员的能力。

经营实践表明:第一,只有少数不满意的消费者会来抱怨,多数人懒得理会你,当然也就不再来你处进行消费;第二,抱怨能够得到快速处理的客户,大多会再次前来消费。美国消费者协会关于不满意与抱怨之间的关系见表4-10。

美国消费者抱怨情况统计　　　　　　　表4-10

消费性质	客户分类	比　率(%)
消费不满意与抱怨比率	不满意,就抱怨	4
	虽然不满意,但是不抱怨	96(但他们会将自己不满的情绪告诉16~20人)
即使不满意,仍然回头购买商品的客户	不抱怨	9(91%不会再回来)
	抱怨过,没有得到解决	19(81%不会再回来)
	抱怨过,问题得到了解决	54(54%不会再回来)
	抱怨被迅速解决	82(18%不会再回来)

调查得知:只有4%的不满意客户会来抱怨,96%的不满意客户不会前来抱怨。但是,他们会将自己不满的情绪告诉16~20人,从而影响这些人的消费行为。

(2) 无论对错,均表歉意。一般来说,抱怨者都会认为自己是对的,他希望通过抱怨达到自己的目的。如果受理者一味强调自己的理由,甚至连句安抚的话也不肯说,连个合理使用的建议也不肯提,很容易挫伤客户的自尊心,使其不满情绪升级,激化矛盾,引发投诉。

如果客户抱怨是对的,道歉是应该的;如果客户抱怨是错的,一句道歉的话也能体现你的博大胸怀,使客户感受到你的真诚,也会为日后带来更多的维修业务。

一定要牢记:客户的对错并不重要,重要的是该如何解决问题而不让其蔓延。向客户说一声:你已经了解了他的问题,并请他确认是否正确。要善于把客户的抱怨归纳起来。

图4-46是丰田汽车公司总裁丰田章男于2010年2月9日,就因制动系统存在问题导致

的大规模汽车召回而公开道歉。

(3)耐心解释,及时解决。当客户抱怨与事实不符时,一定要耐心解释,让客户从内心感觉到是自己的不对而心服口服,这样就不会失去这个客户。如果客户的抱怨是对的,就必须给予快速解决,化解客户的不满,使客户感觉到这次事故其实只是一个意外,重新达到了满意,成为公司的"回头客"。

图4-46 丰田章男就大规模的汽车召回而公开道歉

(4)敢于担责,勇于认错。有些抱怨事件得不到有效解决,其实是维修单位没有勇气承认错误、承担责任造成的。只要客户有抱怨,无论客户采用何种方式、抱怨是否合理、抱怨哪些问题,都应接受、承担、妥善处理。这既是服务问题,也涉及法律规定,还牵扯到道德规范,这是汽车维修店应该坚持的服务原则,也是避免抱怨激化的有效方式。

(5)抓住机遇,快速处理。遇到客户抱怨,要快速处理,尽快平息客户心中的怨气。

这是因为,他所抱怨的内容,对你来说是一件微不足道的事情;可对客户用车来说,可能就是一道无法愉悦的障碍。例如,发动机罩关闭不佳,对维修店来说,可能只是调整一下就可解决;但对用户来说,行驶中突然脱落的发动机罩,可能会危及他的生命安全。

实践证明,等、拖、靠的做法容易使车辆的小病酿成大患,扩大了双方矛盾。使得本来一起很小的抱怨事件,由于处理不及时,导致抱怨方向转移,影响面扩大(如向报社、电视台、消费者协会等部门反映),使原本极容易处理的案例变得十分棘手。

6. 抱怨处理六步曲

(1)积极接受客户抱怨。接到客户抱怨信息后,在表格上记录下来(如公司名称、地址、电话号码以及原因等),并及时将表格传递到售后服务人员手中,记录人要签名确认。

(2)先安抚客户感情,再处理抱怨事情。遇到抱怨,一定要坚持:先处理情感,再处理事情!

假如直接处理事情,往往会引起客户的敌对情绪,即使最后解决了问题,客户有可能依然不满意。

(3)澄清引起抱怨事情的关键之所在,探讨解决引起抱怨事情的方案。客户有时候会省略一些重要信息,因为他们以为这并不重要,或者忘了告诉你,或者为了掩饰自己使用方面的过错而刻意隐瞒,此时就需要了解实际情况,澄清事情的关键。然后与客户共同探讨处理方案,并签字确认。

(4)迅速解决所抱怨的问题。这是解决客户抱怨的核心举措,一定要认真做好。

(5)衷心感谢客户的抱怨。对给客户造成的不便表示道歉;对客户的意见表示感谢;必要时适当补偿客户的损失(如:打折、免费赠品等);以个人的名义给予客户关怀。

(6)回访客户,安抚情绪。处理完客户的抱怨后,最好在一周左右给予电话或登门回访,了解客户对处理结果还有什么不满意的地方,是否需要更改等,直到客户答复满意为止。这样做,是对客户进行感情投资的良好方式,会使客户增强对你的信任,这对稳固客户、发展业务会有着意想不到的效果。

第七节　汽车维修客户档案管理

对于汽车维修企业来说,客户是非常重要的经营资源,可以利用客户资源进行有效的感情联络及促销活动,必须对其高度重视,加以精心管理。

一、概述

1. 客户档案定义

档案是人们在社会活动中形成,加以保存以备查考的文件。汽车维修客户档案就是汽车销售、维修企业在向客户销售汽车、实施维修服务的过程中建立起来,以备日后查考的文件,它完整记录了客户车辆所有完成过的维护、维修项目,可以以纸质或电子文档方式(图4-47)保存。

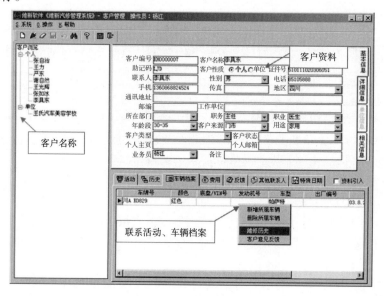

图4-47　电子版汽车维修客户档案

2. 建立客户档案目的

(1)建立起本企业的汽车维修客户关系,稳定基本的服务群体。

(2)了解目标客户的基本需求及个性化需求,进一步发掘汽车维修服务的市场需求,努力提高企业的获利水平。

(3)向客户提供有针对性的汽车维护、维修服务,提高客户的满意度、忠诚度。

3. 客户档案形成

(1)客户从本企业的特约经销店购买新车或二手车时留下的相关信息。

(2)客户从其他经销店购买汽车,第一次来本企业接受维修服务时建立的档案。

(3)从其他渠道获得的客户档案资料。

(4)无论从什么渠道获得的客户档案,都需及时更新,将客户在与企业交往、交易过程中所表现出来的特质或典型事件进行记录,以便在以后的维修服务中使用。

4. 建立客户档案的优点

（1）可以及时通知客户注意保修期限，从而既能赢得客户信赖，又能避免因缺乏及时维护而导致的车辆状况异常。

（2）可以及时提醒车主进行定期维护，以避免车主因工作繁忙、不太懂车而带来的定期维护疏漏，同时可以给企业带来维修利润。

（3）可以实现对车辆的正确维护。这种指导意义既对客户有效，更对维修技师有效。我们知道，医院的大夫往往很注重病人的病历，通过病历，他可以知道患者以往的病史、检查的结果、采用过的治疗手段、目前的恢复状况等，有助于当前的治疗。其实，汽车维修也是针对汽车的一种"治疗"，应该充分利用维修档案。

（4）可以有效规范客户抱怨及投诉的处理。

二、客户档案管理

1. 客户档案管理制度

（1）贯彻执行交通运输管理部门及本企业发布的有关车辆维修档案管理的各项方针政策、规章制度。

（2）建立健全、及时更新客户档案资料，规范管理。

（3）车辆维修档案应认真填写，记载及时、完整准确，不得任意更改。

（4）车辆维修档案要妥善保管，长期保存。

（5）对车辆进行维护、总成修理、整车修理的，应建立车辆维修档案。车辆维修档案的主要内容包括：维修合同、维修项目、具体维修人员及质量检验人员、检验单、竣工出厂合格证及结算清单等。

2. 客户档案建立与使用

1）客户分类

所有汽车维修客户，按照可以给企业带来的利润率，可以划分为4类：重点客户、一般客户、维持型客户、无效客户。

重点客户可能人数不多，维修作业总量也不大，但却是企业利润的主要创造者。他们往往愿意接受高价位的维修作业，也愿意接受最新的维修项目，属于消费领袖级别的客户。

一般客户属于最为庞大的一个客户群体，虽然人数众多，但给企业带来的利润却比较少的。

维持型客户属于基本给企业带不来多少利润的客户，但从企业的经营来说，又不可能没有他们，否则，总体的维修业务量将大幅下降，企业显得人气不旺。

无效客户属于企业出于经营、社会关系等方面的需要，不得不照顾的客户群体，这些客户不仅不会给企业带来利润，反而需要企业给他们倒贴许多成本，属于虽然不愿接纳，但又不得不接纳的客户群体。

2）新客户建档

新客户是首次来店购车或者来店维修的车主。新客户的关系建立以后，销售人员或者维修接待人员应该向每一位客户赠送《"一对一"顾问式客户服务卡》（表4-11），同时建立《客户服务档案》（表4-12、表4-13），以便在以后的经营中更好地为客户提供服务。

"一对一"顾问式客户服务卡　　　　表 4-11

客户姓名		销售商			
购车日期		型号		VIN 码	
交车时有关事项的确认（车主填写,有打√,无打×）	□已介绍汽车的基本使用方法,并当面做交车检查 □已介绍汽车走和期使用注意事项 □已介绍汽车定期维护的重要性及维护间隔里程（时间）		□已介绍驾驶注意事项 □已介绍汽车日常维护的重要性 □已告知客户服务热线的功能及使用方法 □已介绍质量担保政策		
顾问式客户服务模式(打√或×)	□有问题或需求就直接找服务顾问 □一位客户只由一名服务顾问负责,即:"一对一"		□用户对服务顾问不满意时,可以重新选择服务顾问		
服务顾问主要工作介绍(打√或×)	□维护/维修服务接待 □定期维护提醒回访 □维护/维修咨询解答 □维护/维修预约受理 □重要事项通知回访 □服务活动提醒回访		□重要节日问候 □年检提醒 □车辆保险索赔指导 □车辆保险续保提醒 □抱怨受理 □其他服务		
"一对一"顾问式服务关系建立	服务顾问名片 （粘贴）		客户签名: 日　　期:　　　年　月　日 服务顾问签名: 日　　期:　　　年　月　日		

第四章 汽车维修服务管理

客户服务档案 A（客户信息）　　　　　　　　　　　　　　　　　表 4-12

服务顾问：　　　　　　　　　　　　　　　　　　　　建档日期：

车的信息		客户个性特点				定期信息			
购车日期		消费特点	大方	一般	谨慎	维护日期（预计6次）			
驾龄		对车珍爱程度	珍爱	一般	随意				
车型		汽车专业知识	熟悉	一般	不懂	保险期限			
类别		驾驶水平	高超	一般	较差	年检日期			
用途		维修服务期望	较低	一般	很高	典型事件			
常跑长途	是　否	沟通难度	容易	一般	偏难	脱保原因			
个人信息		客户忠诚度（第1~3年）							
工作单位		加入俱乐部	是		否				
职务职称		累计维修次数							
办公电话		累计维修金额				公开赞誉			
家庭电话		推荐用户数量							
手机		公开赞誉次数							
电子邮箱		累计积分							
家庭住址		客户级别	VIP		常规	抱怨事件			
车主纪念日		不愉快事件（第1~3年）							
		脱保次数							
		客户责任次数							
		非客户责任次数				其他不愉快			
		当面争执次数							
		投诉到企业次数							
		投诉到外界次数							

客户服务档案 B（车辆维修）　　　　　　　　　　　　　　　　　表 4-13

车主姓名		性别		工作单位	
通信地址				邮政编码	
手机		家庭电话		办公电话	
牌号	经销商	购车日期	车型	颜色	
变速器（AT/MT）	VIN码	发动机号码	车匙号码	车用途（私/公）	
车辆改装记录			严重事故记录		
总成基础件拆检记录			总成基础件更换记录		

续上表

序号	送修日	交车日	工单号	里程数	维修类别	维修项目	维修金额	维修接待	维修技师

3）客户档案的使用

对于维修企业来说，客户档案主要有以下用途：

（1）车辆"保姆"。对于绝大多数的私家车主来说，他们都不知道如何才能保持汽车的良好状态，出现了问题也不知道该怎么解决，甚至连以前发生过的问题也可能忘了故障的症状、解决的办法以及需要注意的事项。这就需要汽车维修企业借助于完善的汽车维修档案，给客户提出使用建议、维护计划、修理保障等一系列方案，充当一个车辆使用、维修方面"保姆"的角色。

（2）保管与更新。客户档案编码及存放的原则应该是确保在需要时可以尽快查找得到。为此，建议由专人负责管理及更新，并且按照车牌号码的顺序编排存放，在存放纸质档案的同时，建立电子档案。

客户档案必须时时更新，只要你获得了客户个人信息的变更，只要你对客户的汽车进行了任何维护、修理作业，都要在客户档案中予以体现，这样才能发挥客户档案的作用。如果没有及时更新客户档案，有时可能会在与客户的联系中造成令人尴尬的状况，让客户感觉你对他不够重视或者企业管理不善，从而对企业失去信心。

（3）短信提醒服务。借助于手机短信平台的群发功能，可以在特殊的日子向客户提供提醒服务，既可以使客户规避风险，又可以及时获得客户来店维修的业务量。例如：

①定期维护提醒：新手用车，一无所知；及时提醒，感动其心。

②车辆年检、驾驶证审验提醒：错过年检，麻烦很多，店家提醒，体现关心。

③保险续保提醒：汽车保险，即使逾期1分钟，保险公司也不会为你的损失赔偿，提醒客户尽早续保，规避风险。

④客户生日、结婚纪念日等特殊日期的祝福：做事先做人，交人先交心。你在他特殊日子的一句祝福，可能就会感动客户，使其下次维修时来店接受服务。

⑤恶劣天气、特殊情况的驾驶提醒：走合期勿高速行驶；雨天注意检查刮水器；雪天注意检查制动器；水中熄火切勿再起动；大风天气注意空中坠落物——这些提醒可以让客户感觉你是在真诚地为他着想，使其心中平填一份暖意。

⑥公司活动通告：车主俱乐部、试乘试驾活动、自驾游活动、公司庆典优惠等，都可以提前告知。

⑦对维修服务满意度跟踪调查：一条调查短信，会让客户感觉你们对待工作的认真负责。

复习思考题

1. 为什么要召开早会?
2. 召开早会有什么优点?
3. 召开早会需要注意哪些事项?
4. "5S 管理"包括哪些内容?
5. 如何在汽车维修接待岗位拓展"5S 管理"?
6. 实行"5S 管理"有何作用?
7. 检查你的工作、生活环境,是否符合"5S 管理"的要求?
8. 维修合同主要包括哪些方面的内容?
9. 如何保管好在修车辆?
10. 如何对待客户的自带配件?
11. 车辆返修时该如何管理?
12. 为什么车主必须购买交强险?
13. 购买汽车保险需要注意哪些事项?
14. 哪些情况下出险,可能无法得到保险公司的赔付?
15. 如何管理好客户的送修车辆?
16. 处理客户抱怨时,维修接待员的主要职责是什么?
17. 处理客户的抱怨,需要做好哪五个方面的工作?
18. 处理客户抱怨,分哪六步?
19. 如何有效利用客户档案?
20. 根据所给材料,推荐一份汽车保险方案:李先生,35 岁,儿子 6 岁,自己在外企工作,夫人为国家公务员。所购新款捷达轿车已经使用接近一年,下个月该续保了。请推荐一份汽车保险方案。

 工作页

汽车维修管理工作页(参加早会)

教师布置日期:　　年　　月　　日　　　　　　个人完成时间:　　　　(分钟)

问题: 　在一家规范的汽车维修企业,一般都要举行早会,作为一名汽车维修接待人员,你应该如何参加早会。	任务: 　学会参加早会,包括听会、检查、发言、记录等。

续上表

参会要点：	
工作步骤	注意事项
1. 我应该以什么样的精神面貌参加早会？	
2. 我如何以早会的要求指导当天的工作？	
3. 我如何通过早会锻炼自己与客户交流的能力，提高自己的管理水平？	
4. 我如何在早会期间做好自我检查、相互检查？	
5. 我如何做好领导交办的记录早会内容的工作？	
学习纪要：	

第四章 汽车维修服务管理

汽车维修管理工作页（5S管理）

教师布置日期： 年 月 日　　　　　　　　个人完成时间： （分钟）

问题：	任务：
"5S管理"对于做好汽车维修接待工作具有十分重要的作用，作为汽车维修接待人员，应该如何学会做好"5S管理"？	通过自己的在校学习，通过对自己书包、课桌、教室环境卫生的打扫，实践"5S管理"的理念。
"5S管理"要点：	

项目			工作步骤		注意事项	
	整理分类		整理属性		物品名称	我的具体整理方式
整理	需要使用的		经常使用的			
			偶尔使用的			
			几乎不用但又不能丢的			
	应该清理的		可以出售的			
			可立即丢弃的			
			需要请人帮忙处理掉的			
整顿	整顿项目		具体整顿内容		我的具体整顿方法	
	检查		整理效果如何？			
	三要素	场所	(1)整体场所如何规划？ (2)相关物品放在哪里最合适？			
		方法	相关物品怎么放置？			
		标识	如何标识可以让外来者一下子就看明白？			

续上表

	整顿项目		具体整顿内容	我的具体整顿方法
整顿	三定原则	定点	物品是不是该放哪里就放哪里了？	
		定容	需要多大空间可以让我的物品具有美感且确保放置得下？	
		定量	各类物品每个周期需要多少数量？	
	目视检查		(1)我自己先看看,感觉是否漂亮？ (2)你们帮我看看,看着感觉舒服吗？	

	区域	清扫内容	我的具体清扫方法
清扫	客户接待台	(1)接待台每天清理几次？放置什么必备的物品？ (2)各种文件、名片、资料等如何摆放？ (3)电话、电脑等设备多长时间清扫一次？	
	业务洽谈区	(1)地面多长时间擦洗一次？ (2)桌椅是否保持洁净、摆放整齐？ (3)是否准备了相关的文具、车型资料？ (4)烟灰缸、桌面何时清理？	
	公共卫生区	(1)多长时间清扫一次？ (2)什么情况下及时清扫？ (3)如何排除污染源？	

	区域	清洁标准	我的自查方法
清洁	客户接待台	(1)设备、资料准备贯彻"必需"原则； (2)设备、资料摆放整齐、有序； (3)电子文档存放有序、查找便利； (4)环境整洁,干净舒适	
	业务洽谈区	(1)文件、资料准备贯彻"必需"原则； (2)桌椅、资料摆放整齐、有序； (3)及时清理,保持清洁	
	公共卫生区	(1)能够保持清洁； (2)及时处理污染源； (3)有碍观瞻的物品被及时清理	

续上表

	内　　容	我的自查方法
素养	(1)我是否养成了整理、整顿、清扫、清洁的良好习惯? (2)我是否严格执行了公司的规章制度? (3)我是否开始关心别人,培养了优秀的团队意识?	

"5S天天自查"检查报告

检查员：　　　　　检查时间：　　　　　　　　年　　月　　日(上午、下午)

	序号	项目	检查内容	分值	检查等级及扣分				得分
					A -0分	B -1分	C -2分	D -3分	
我的天天自查	1	入口处	接车区是否有无关车辆在停放	15					
	2		路面上有无关的物品或不清洁						
	3		指示牌位置不当、不醒目、破损						
	4		车主来了,没有人及时接待						
	5	接待室	接待室标识不明显	15					
	6		地面、墙面脏						
	7		接待台物品摆放零乱						
	8	客户休息室	地面、墙面脏	15					
	9		供客人休息桌椅被占,无饮用水						
	10		物品摆放凌乱,相关物品不清洁						
	11	接待人员	未统一着装或着装不规范、不整洁	10					
	12		言谈冷淡或放肆,不符合接待要求						

续上表

序号	项目	检查内容	分值	检查等级及扣分				得分
				A -0分	B -1分	C -2分	D -3分	
13	维修车间	行车通道不清洁	15					
14		作业区不清洁,油、液有落地现象						
15		作业区旧件及废料未及时清理						
16		工具摆放混乱						
17		维修作业时未使用相应防护装备						
18	维修技师	未统一着装	10					
19		工装太脏,有明显油污						
20		言行不当						
21		进入车内未戴手套						
22	结算室	地面、墙面脏	10					
23		物品摆放凌乱						
24		客人来结算,没有打印出账单						
25	卫生间	相关设施有损坏现象	10					
26		没有达到卫生要求						
27		有异味						

(左侧纵向合并单元格:我的天天自查)

学习纪要:

汽车维修管理工作页(配件管理)

教师布置日期：　　年　　月　　日　　　　　　　个人完成时间：　　　　（分钟）

问题：	任务：
作为一名维修接待人员，需要能够识别常用汽车配件，能够正确摆放汽车配件。 以汽车配件库房管理这一典型工作岗位，围绕入库、仓储、出库三个工作流程进行练习。	按照"确定货位、配件识别、入库操作和出库交付、编码查询、下单订货"6项任务，由A、B两位选手协同完成练习汽车配件管理的工作能力。

配件管理要点：

配件管理物品准备表

序号	物品	单位	数量	备　注
1	货架	个	2	分为A货架和B货架，货位数量确定，B货架有系统分区
2	无包装配件	种	若干	每种一件（特定品牌轿车）
3	入库有包装配件	种	若干	品种包含在无包装配件中，每种配件均有不同型号
4	操作柜台	个	1	
5	配件推车	辆	若干	
6	工作服、手套	件/副	各2	

续上表

配件管理教师考核表
（建议用时：25分钟）

考核内容		分值	评分参考	得分
A选手	确定货位	15	将无包装的配件，按照"重物下置、就近原则、大轻下置、垂直原则"的仓储原则及系统分类原则摆放到正确的货架和货位上。要求配件所在货架、层级和分类正确	
	配件识别	20	将带有配件名称的标签与货架上的配件实物一一正确对应安置	
	入库操作	10	根据采购清单清点入库带包装配件并检查外包装。要求唱收并操作正确	
			正确填写入库单	
			将入库配件码放在正确货位上	
	过程规范	5	正确着装（戴手套、穿工作服、不穿高跟鞋或露脚趾凉鞋）	
			文明作业（轻拿轻放，配件不掉落）	
B选手	出库交付	10	凭领料单在货架上正确找出现有配件	
			将现有配件唱付给领料员，易碎配件拆包装当面确认，并向领料员说明哪些配件缺货	
	编码查询	10	查询配件手册，将缺货配件正确编码填入领料单	
	下单订货	5	正确填写缺货配件的订货单	
	过程规范	5	正确着装（戴手套、穿工作服、不穿高跟鞋或露脚趾凉鞋）	
			文明作业（轻拿轻放，配件不掉落）	
两名选手	配件知识问答	20	A选手解释2种指定配件的功用和结构，B选手进行补充	

学习纪要：

备注：一名选手竞赛时，另一名选手在指定座位就座；所有选手完成竞赛后，同时退场。

汽车维修管理工作页(处理抱怨)

教师布置日期： 年 月 日　　　　　　　　　个人完成时间： (分钟)

问题： 　　作为开门经营的汽车维修厂，由于主观、客观的原因，经常会遇到客户抱怨。 　　由任课教师任意给出一种引发客户抱怨的具体事由(如:在约定交车时间未能将车修好、轮胎充气气压太高、制动跑偏、冷却液温度表不显示冷却液温度值、自动刮水器遇雨不摆、燃油表不显示油量、客户将随车工具遗漏在了维修厂,等等)	任务： 　　学会根据客户特点、时间特点、季节及天气特点、引发抱怨的具体事由等情况，因地制宜地处理好客户抱怨。
客户抱怨处理要点：	

<table>
<tr><td colspan="5" align="center">抱怨处理流程自查表</td></tr>
<tr><td>项目</td><td>内　　容</td><td>分值</td><td>实施情况</td><td>自查得分</td></tr>
<tr><td>一项制度</td><td>首问负责制施行了吗？</td><td>10</td><td></td><td></td></tr>
<tr><td>两个做法</td><td>(1)倾听与解释做得如何？
(2)补救或补偿做了吗？</td><td>20</td><td></td><td></td></tr>
<tr><td>三类人职责</td><td>(1)维修接待员的职责是什么？
(2)维修技师的职责是什么？
(3)客服经理的职责是什么？</td><td>30</td><td></td><td></td></tr>
<tr><td>四个原则</td><td>(1)"掌握政策,正确判别"坚持了吗？
(2)"以理服人,礼貌待客"坚持了吗？
(3)"调查分析,实事求是"坚持了吗？
(4)"赏罚分明,统一尺度"坚持了吗？</td><td>40</td><td></td><td></td></tr>
</table>

续上表

项目	内　容	分值	实施情况	自查得分
五方面工作	(1)"热情接待,听取陈述"做得如何? (2)"无论对错,均表歉意"做得如何? (3)"耐心解释,及时解决"做得如何? (4)"敢于担责,勇于认错"做得如何? (5)"抓住机遇,快速处理"做得如何?	50		
六步曲法处理抱怨	(1)积极接受客户抱怨。 (2)先安抚客户感情,再处理抱怨事情。 (3)澄清引起抱怨事情的关键之所在,探讨解决引起抱怨事情的方案。 (4)迅速解决所争议问题。 (5)衷心感谢客户的抱怨,向客户道歉并适当补偿。 (6)回访客户,安抚情绪。	60		
综合得分		210		

学习纪要：

第五章　汽车维修财务知识

 学习目标

通过本章的学习,你应能:
1. 了解客户对汽车维修费用的各种结算方式;
2. 熟悉支票、银行汇票、信用卡、银行本票等的基本使用方法;
3. 掌握发票的开具要求与方式。

第一节　汽车维修收费结算方式

客户结算维修费用时,除了直接用现金结算外,还可能选择其他的不同方式结算,有必要对这些结算方式予以了解。

一、支票

支票是由出票人签发,委托办理支票存款业务的银行或者其他金融机构在见票时无条件支付确定金额给收款人或持票人的票据。

1. 支票的种类

支票按支付方式分为普通支票、现金支票、转账支票三种。

现金支票是支票上印有"现金"字样的支票,只能用于支取现金。它可以由存款人签发用于到银行为本单位提取现金,也可以签发给其他单位和个人用来办理结算或者委托银行代为支付现金给收款人。

转账支票只能用于转账,它适用于存款人给同一城市范围内的收款单位划转款项,以办理商品交易、劳务供应、清偿债务和其他往来款项结算。

普通支票既可用于支取现金,也可用于转账。但在普通支票左上角划两条平行线的,为划线支票,只能用于转账,不能支取现金。

2. 支票的适用范围

单位和个人在同一票据交换区域的各种款项结算,均可以使用支票。

自2007年6月25日起,支票实现了全国通用,异城之间也可使用支票进行支付结算。支票全国通用后,出票人签发的支票凭证不变,支票的提示付款期限仍为10天;异地使用支票款项最快可在2～3小时之内到账,一般在银行受理支票之日起3个工作日内均可到账。

为防范支付风险,异地使用支票的单笔金额上限为50万元。

3. 支票怎么填写

(1)出票日期需用大写填写。出票日期1~9月分别写成零壹、零贰……零玖,10月、11月、12月分别写成壹拾月、壹拾壹月、壹拾贰月;1~10日分别写成零壹、零贰、……零壹拾日;11日写成壹拾壹日,20日写成零贰拾日,30日写成零叁拾日,31日写成叁拾壹日。也可以盖日期章,印泥用红色、蓝色都可以(图5-1)。

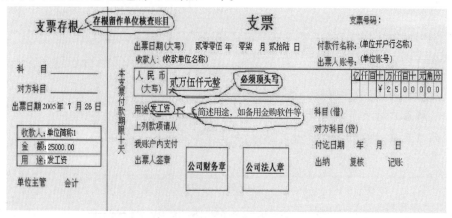

图5-1 支票的填写

(2)收款人名称必须填全称,收款人也可以刻制本单位章,填进账支票时直接盖上去,可多次使用,印泥要求同上。一般情况下出票人会把收款人预先填好,不用收款人填写。

(3)款项用途需清晰明了,金额要用大小写同时填写。金额小写要用￥封头,大写时应紧接"人民币"字样填写,不得留有空白。大写遇到0时要注意。比如1030.50元可以写成壹仟零叁拾元零伍角整,也可以写成壹仟零叁拾元伍角整,两种写法都是对的。

(4)支票要用黑色碳素笔填写,也可打印。书写时不能重笔,不能涂改,有密码的还要填写密码。存根联是企业留存的,填写要求不是很高,简单按支票右边内容填就可以了。

4. 支票必须记载哪些事项

支票上必须记载以下事项:表明"支票"字样;无条件支付委托;确定金额;付款银行名称及地址(未载明付款地点者,付款银行所在地视为付款地点);出票日期及出票地点(未载明出票地点者,出票人名字旁的地点视为出票地);出票人名称及其签字;收款人名称。

支票上未记载上述规定事项之一的,无效;支票上的金额可以由出票人授权补记,未补记前的支票,不得使用;支票上未记载收款人名称的,经出票人授权,可以补记;支票上未记载付款地的,付款人的营业场所为付款地;支票上未记载出票地的,出票人的营业场所、住所或者经常居住地为出票地;出票人可以在支票上记载自己为收款人。

5. 支票如何使用

(1)支票一律记名,转账支票可以背书转让。

(2)支票有效付款期为10天(从签发支票的当日起,到期日遇假日顺延)。

(3)支票签发的日期、大小写金额和收款人名称不得更改,其他内容有误,可以划线更正,并加盖预留银行印鉴之一证明。

(4)支票发生遗失,可以向付款银行申请挂失;挂失前已经支付,银行不予受理。

(5)出票人签发空头支票、印章与银行预留印鉴不符的支票、使用支付密码但支付密码错误的支票,银行除退回支票外,还要按票面金额处以5%但不低于1000元的罚款。

(6)支票的背书。现金支票不存在背书的问题,因为付款方在给你支票的时候就已经在现金支票的正面和反面盖章了,只要拿到现金支票的开户银行去,就可以取钱。

转账支票只要在有效期内(10天)可无数次背书转让(银行有粘贴单),但背书必须连续。若出票人注明"不得背书转让"字样的则不可背书转让。

6. 支票遗失怎么办

已经签发的普通支票和现金支票,如遗失或被盗,应立即向银行申请挂失。

(1)出票人将已经签发可以直接支取现金的支票遗失或被盗等,应出具证明,填写两联挂失申请书,加盖预留银行的签名式样和印鉴,向开户银行申请挂失止付。银行查明该支票确未支付,经收取一定的挂失手续费(票面金额的1%,但不低于5元)后受理挂失,在挂失人账户中用红笔注明支票号码及挂失日期。

(2)收款人将收受的可以直接支取现金的支票遗失或被盗等,也应出具证明,填写两联挂失止付申请书,经付款人签章证明后,到收款人开户银行申请挂失止付。

依据《中华人民共和国票据法》第十五条第三款规定:"失票人应当在通知挂失止付后3日内,也可以在票据丧失后,依法向人民法院申请公示催告,或者向人民法院提起诉讼。"即可以背书转让的票据的持票人在票据被盗、遗失或灭失时,须以书面形式向票据支付地(即付款地)的基层人民法院提出公示催告申请。在失票人向人民法院提交的申请书上,应写明票据类别、票面金额、出票人、付款人、背书人等票据主要内容,并说明票据丧失的情形,同时提出有关证据,以证明自己确属丧失的票据的持票人,有权提出申请。

失票人在向付款人挂失止付之前,或失票人在申请公示催告以前,票据已经由付款人善意付款的,失票人不得再提出公示催告的申请,付款银行也不再承担付款的责任。由此给支票权利人造成的损失,应当由失票人自行负责。银行暂停止付权限为12天,超过12天未收到人民法院止付通知的,自第13天起,挂失止付通知书失效。

7. 怎样存支票

收到支票后,在支票背面右边盖上预留印鉴,不要压线,包括财务章和法人章。盖章时要清楚,持支票到银行再填进账单(表5-1)一式三联送存银行就可以了。填进账单时左边为出票人的(付款人)全称、账号、开户银行(支票上有),右边为收款人(自己单位)的全称、账号、开户银行(公司银行),最后填写金额。

8. 怎样辨别支票真伪

(1)检查支票号码,是否为挂失的支票。

(2)检查支票印章是否齐全,如果是现金支票,正反面的印章必须是一样的;而转账支票则只在正面预留印鉴章就行。

(3)检查是否存在涂改现象,避免出现退票现象。

(4)检查票面字迹、印章是否清晰,位置是否正确,金额大小写是否一致并正确。

(5)检查支票日期是否准确、是否为有效期,日月行必须大写。

(6)转账支票上加盖有银行的签章三处,可拨打出票单位开户行电话查询真伪。

(7)凭密码支取的支票,查验是否填写了密码,密码是否正确。

银 行 进 账 单　　　　　　　　　　表 5-1

收款单位	全称		款项往来										
	账号		款项性质	票据（分页填写）									
人民币（大写）				十亿	仟	百	十万	仟	百	十	元	角	分
托收票据目录第1页 共 页			款项性质	金　额									
付款行交换号码	付款单位账号	凭证号码		仟	百	十万	仟	百	十	元	角	分	
												（收款银行盖章）	

（此联由银行盖章后退回单位）

二、银行汇票

银行汇票是汇款人将款项存入当地出票银行，由出票银行签发的，由其在见票时，按照实际结算金额无条件支付给持票人或收款人的票据。

银行汇票适用于先收款后发货或钱货两清的商品交易，单位和个人各种款项结算都可以使用银行汇票。银行汇票可以用于转账，填明"现金"字样的银行汇票还可以用于支取现金。银行汇票的付款期限一般为出票日起一个月内，超过付款期限提示付款不获付款的，持票人应当在票据权利时效内作出说明，并提供本人身份证或单位证明，持银行汇票和解讫通知书向出票银行请求付款。

提示付款期限。银行汇票的提示付款期限自出票日起1个月。持票人超过付款期提示付款的，代理付款人不予受理。

1. 银行汇票应记载哪些内容

表明"银行汇票"的字样；无条件支付的承诺；收款人姓名或单位；汇款人姓名或单位；签发日期（发票日）；汇款金额、实际结算金额、多余金额；汇款用途；兑付地、兑付行、行号；付款日期。

2. 怎样申请签发银行汇票

（1）单位需要使用银行汇票时，应填写银行汇票请领单，具体说明领用银行汇票的部门、经办人、汇款用途、收款单位名称、开户银行、账号等，由请领人签章，并经单位领导审批同意后，由财务部门具体办理相关手续。银行汇票请领单的格式见表5-2。

银 行 汇 票 请 领 单　　　　　　　　　　表 5-2

请领日期	年　月　日				
收款人		开户银行		账号	
汇款用途					
汇款金额	人民币（大写）				¥
部门负责人意见		单位领导审批意见		请领人签章	

（2）申请使用银行汇票办理结算业务的单位，财务部门应向签发银行提交"银行汇票委

托书",并在其上逐项写明汇款人名称和账号、收款人名称和账号、兑付地点、汇款金额、汇款用途等,并在"汇款委托书"上加盖汇款人预留银行的印鉴,由银行审查后签发银行汇票。如汇款人未在银行开立存款账户或个人要求签发银行汇票,则可以交存现金办理汇票。

(3)汇款人办理银行汇票,能确定收款人的,须详细填明单位、个体经济户名称或个人姓名。确定不了的,应填写汇款人指定人员的姓名。

(4)交存现金办理的汇票,需要在汇入银行支取现金的,应在汇票委托书上的"汇款金额"大写栏先填写"现金"字样,后填写汇款金额。这样,银行可签发现金汇票,以便汇款人在兑付银行支取现金。如需要在兑付银行支取现金的,必须是申请人或收款人是个人,申请人或收款人是单位的,不得办理"现金"汇票。

(5)签发银行受理"银行汇票委托书",经过验对"银行汇票委托书"内容和印鉴,并在办妥转账或收妥现金之后,即可向汇款人签发转账或支取现金的银行汇票。对个体经济户和个人需要支取现金的,在汇票"汇款金额"栏先填写"现金"字样,后填写汇款金额,再加盖印章并用压数机压印汇款金额,将汇票和解讫通知交汇款人。

3. 如何解付银行汇票款

收款人收到银行汇票时,应该认真审查收款人或背书人是否确为本单位;银行汇票是否在付款期内,日期、金额等填写是否正确无误;印章是否清晰,压数机压印的金额是否清晰;银行汇票和解讫通知是否齐全、相符;汇款人或背书人的证明或证件无误,背书人证件上的姓名与其背书相符。

审查无误后,在汇款金额以内,根据实际需要的款项办理结算,并将实际结算金额和多余金额准确、清晰填入银行汇票和解讫通知的有关栏内,多余金额由签发银行退交汇款人。全额解付的银行汇票,应在"多余金额"栏写上"0"符号。

填写完结算金额和多余金额后,收款人或被背书人将银行汇票和解讫通知同时提交兑付银行,缺少任何一联均无效,银行将不予受理。

在银行开立账户的收款人或背书人受理银行汇票后,在汇票背面加盖预留银行印鉴连同解讫通知和二联进账单送交开户银行办理转账。

持票人为未在银行开户的个人,可以向所选择的任何一家商业银行提示付款,提示付款时,应在汇票的背面签章,并填写本人身份证名称、号码及发证机关,由其本人向银行提交本人身份证及其复印件。

4. 银行汇票怎样退款

(1)在银行开立账户的汇款单位要求签发银行退款时,应当备函向签发银行说明原因,并将未用的"银行汇票联"和"解讫通知联"交回汇票签发银行办理退款。银行将"银行汇票联""解讫通知联"和银行留存的银行汇票"卡片联"核对无误后办理退款手续,将汇款金额划入汇款单位账户。

(2)未在银行开立账户的汇款单位要求退款时,应将未用的"银行汇票联"和"解讫通知联"交回银行,同时向银行交验申请退款单位的有关证件,经银行审核后办理退款。

(3)汇款单位因"银行汇票联"和"解讫通知联"缺少其中一联而不能在兑付银行办理兑付,而向签发银行申请退款时,应将剩余的一联退给汇票签发银行并备函说明短缺其中一联的原因,经签发银行审查同意后办理退款手续。

5. 银行汇票如何背书

银行汇票如果其收款人为个人的,可以经过背书将汇票转让给在银行开户的单位和个人。如果收款人为单位的,不得背书转让。

汇票必须转让给在银行开户的单位和个人,不能转让给未在银行开户的单位和个人。在背书时,背书人必须在银行汇票第二联背面"背书"栏填明其个人身份证件号码,并签章,同时填明背书人名称,并填明背书日期。

6. 银行汇票遗失后的处理

(1) 如果遗失了注明"现金"字样的银行汇票,应立即向签发银行或兑付银行请求挂失止付。申请时应提交汇票挂失申请书(可用汇票委托书代替),并在凭证备注栏内写明"汇票挂失"。如果在银行受理挂失以前,包括对方银行收到挂失通知以前,汇票金额已被人冒领的,银行不承担付款责任。持票人一旦发现汇票遗失,应尽快申请挂失,同时,依据《中华人民共和国票据法》第十五条第三款规定:"失票人应当在通知挂失止付后3日内,也可以在票据丧失后,依法向人民法院申请公示催告,或者向人民法院提起诉讼",以免遭到不必要的利益损失。

(2) 如果遗失了注明收款单位、个体经济户名称的汇票,失票人应当立即通知收款单位、个体经济户、收款人、兑付银行、签发银行,请求这些单位或个人协助防范。因为这类汇票遗失后,银行不办理挂失止付。

(3) 如果遗失了指定收款人姓名的汇票,不能到银行申请挂失止付。因为这种汇票可以背书转让,无法确定被背书人,无法挂失,兑付行和签发行都不予协助防范。因此,这种银行汇票的持票人一定要认真保管,切勿遗失。银行汇票遗失后,在付款期满后1个月确实没有发生什么问题的,可以由汇款人写出书面证明,说明情况,到签发银行办理退款。

7. 银行汇票如何结算

(1) 银行汇票的签发和解付。银行汇票的签发和解付,只能由中国人民银行和商业银行参加"全国联行往来"的银行机构办理。跨系统银行签发的转账银行汇票的解付,应通过同城票据交换将银行汇票和解讫通知提交同城的有关银行审核支付后抵用。省、自治区、直辖市内和跨省、市的经济区域内,按照有关规定办理。在不能签发银行汇票的银行开户的汇款人需要使用银行汇票时,应将款项转交附近能签发银行汇票的银行办理。

(2) 银行汇票一律记名。在汇票中指定某一特定人为收款人,其他任何人都无权领款;但如果指定收款人以背书方式将领款权转让给其指定的收款人,其指定的收款人有领款权。

(3) 银行汇票的汇票金额起点为500元。500元以下款项银行不予办理银行汇票结算。

(4) 银行汇票的付款期为1个月。这里所说的付款期,是指从签发之日起到办理兑付之日止的时期。从签发日开始,不论月大月小,统一到下月对应日期止的1个月。如果到期日遇节假日,可以顺延。逾期的汇票,兑付银行将不予办理。

8. 如何鉴别银行汇票的真假

(1) 眼观。用肉眼观察银行汇票的纹路是否清晰,波峰是否依弧形彩虹的形状有规律的出现,银行汇票汉语拼音微缩的字母是否连续排列有序,银行汇票各要素是否填写齐全,金额大小写是否一致,日期是否正确,有无涂改。

(2) 手摸、耳听。用手触摸纸张较挺拔,轻轻击打会发出比较响亮、清脆声,与鉴别人民币的方法基本相同。

(3)仪器鉴别。一般的汇票鉴别仪有4项功能,一是放大功能,把银行汇票放在银行汇票鉴别仪下观察,各要素会看得更清楚、逼真,若有涂改,很容易发现。二是长波功能,主要是观察有色或无色荧光纤维。三是短波功能主要是观察银行汇票背面二维荧光。四是水印功能,把银行汇票背面放在银行汇票鉴别仪下,可观察到汉语拼音"HP"字样。

(4)收到银行汇票,除了对银行汇票本身的真伪进行辨别外,还要对背书转让的银行汇票检查背书是否连续,背书人签章是否齐全。汇票的出票日期、汇票号码、收款人名称、实际结算金额等是否有更改的迹象。对经更改的票据要坚决拒收。

(5)按银行汇票上的出票人电话直接电话咨询出票人,向出票人进行核实。

三、信用卡

信用卡是商业银行向个人和单位发行,凭以向特约单位购物、消费和向银行存取现金,具有消费信用的特制载体卡片,其形式是一张正面印有发卡银行名称、有效期、号码、持卡人姓名等内容,背面有磁条、签名条的卡片。

凡在中华人民共和国境内金融机构开立基本存款账户的单位可申请领单位卡,单位卡可申领若干张,持卡人资格由申领单位法定代表人或其委托的代理人书面指定和注销。凡具有完全民事行为能力的公民可以申领个人卡。

单位或个人申领信用卡,应按规定填制申请表,连同有关资料一并送交发卡银行,符合条件并按要求交存一定金额的备用金后,银行为申领人开立信用卡存款账户并发给信用卡。

1. 信用卡种类

(1)按是否向发卡银行交存备金分贷记卡、准贷记卡两类,贷记卡是发卡银行给予持卡人一定的信用额度,持卡人可在信用额度内先消费、后还款的信用卡。准贷记卡则是先按发卡银行要求交存一定金额备用金的信用卡。我们现在所说的信用卡,一般单指贷记卡。

(2)按使用对象分为单位卡和个人卡。

(3)按信用等级分为金卡和普通卡。

2. 使用信用卡注意事项

(1)单位账户的资金一律从基本存款账户转账存入,不得交存现金,不得将销货收入的款项存入其账户。

(2)信用卡仅限于合法持卡人本人使用,持卡人不得出租或转借信用卡。

(3)单位信用卡不得用于10万元以上的商品交易、劳务供应款项的结算。

(4)持卡人用卡购物时,需将信用卡和身份证一并交特约单位并在签购单上签名确认。

(5)特约单位不得通过压卡、签单和退货等方式支付持卡人现金。

(6)单位卡一律不得支取现金。

(7)信用卡透支额,金卡最高不得超过10000元,普通卡最高不得超过5000元,透支期限最长60天。

(8)持卡人不得恶意透支。

(9)持卡人不需要继续使用信用卡的,应持信用卡主动到发卡银行办理销户。销户时,单位卡账户余额转入其基本存款账户,不得提取现金。

四、银行本票

银行本票是申请人将款项交存银行,由银行签发的承诺自己在见票时无条件支付确定的金额给收款人或者持票人的票据。分定额本票和不定额本票两种,定额银行本票面额为1000元、5000元、10000元和50000元。

银行本票见票即付,付款保证程度高。适用于同一票据交换区域内的个人各种款项结算。

1. 银行本票规定

(1)银行本票可以用于转账,填明"现金"字样的银行本票,也可用于支取现金,现金银行本票的申请人和收款人均为个人。

(2)银行本票可以背书转让,填明"现金"字样的银行本票不能背书转让。

(3)银行本票的提示付款期限自出票日起2个月。

(4)在银行开立存款账户的持票人向开户银行提示付款时,应在银行本票背面"持票人向银行提示付款签章"处签章,签章须与预留银行签章相同。未在银行开立存款账户的个人持票人,持注明"现金"字样的银行本票向出票银行支取现金时,应在银行本票背面签章,记载本人身份证件名称、号码及发证机关。

(5)银行本票丧失,失票人可以凭人民法院证明,向出票银行请求付款或退款。

(6)银行本票的出票人,为经中国人民银行当地分支行批准办理银行本票业务的银行。

(7)签发银行本票必须记载下列事项:表明"银行本票"的字样;无条件支付的承诺;确定的金额;收款人名称;出票日期;出票人签章。欠缺记载上列事项之一的,无效。

(8)持票人超过付款期限提示付款的,代理付款人不予受理。

(9)银行本票的代理付款人是代理出票银行审核支付银行本票款项的银行。

(10)申请人使用银行本票,应向银行填写"银行本票申请书",填明收款人名称、申请人名称、支付金额、申请日期等事项并签章。申请人和收款人均为个人需要支取现金的,应在支付金额栏先填写"现金"字样,后填写支付金额;申请人或收款人为单位的,不得申请签发现金银行本票。

(11)出票行受理银行本票申请书,收妥款项签发银行本票。用于转账的,在银行本票上划去"现金"字样;申请人和收款人均为个人需要支取现金的,在银行本票上划去"转账"字样。不定额银行本票用压数机压印出票金额。出票行在银行本票上签章后交给申请人。

(12)申请人或收款人为单位的,银行不得为其签发现金银行本票。申请人应将银行本票交付给本票上记明的收款人。

2. 收款人受理银行本票应注意事项

(1)收款人是否确为本单位或本人。

(2)银行本票是否在提示付款期限内。

(3)必须记载的事项是否齐全。

(4)出票人签章是否符合规定,不定额银行本票是否有压数机压印的出票金额,并与大写出票金额一致。

(5)出票金额、出票日期、收款人名称是否更改,更改的其他记载事项是否由原记载人签章证明。

(6)收款人可以将银行本票背书转让给被背书人。被背书人受理时,还应审查:背书是否连续,背书人签章是否符合规定,背书使用粘单的是否按规定签章;背书人身份证件。

3. 银行本票如何付款与退款

(1)持票人超过提示付款期限不获付款的,在票据权利时效内向出票银行作出说明,并提供本人身份证件或单位证明,可持银行本票向出票银行请求付款。

(2)申请人因银行本票超过提示付款期限或其他原因要求退款时,应将银行本票提交到出票银行,申请人为单位的,应出具该单位的证明;申请人为个人的,应出具该本人的身份证件。出票银行对于在本行开立存款账户的申请人,只能将款项转入原申请人账户;对于现金银行本票和未在本行开立存款账户的申请人,才能退付现金。银行本票丧失,失票人可以凭人民法院出具的其享有票据权利的证明,向出票银行请求付款或退款。

五、商业汇票

商业汇票是指由付款人或存款人(或承兑申请人)签发,由承兑人承兑,并于到期日向收款人或背书人无条件支付确定金额款项的一种票据。

按其承兑人的不同,可以分为商业承兑汇票和银行承兑汇票两种:商业承兑汇票是指由收款人签发,经付款人承兑,或者由付款人签发并承兑的汇票;银行承兑汇票是指收款人或承兑申请人签发,并由承兑申请人向开户银行申请,经银行审查同意承兑的汇票。

商业汇票一般有三个当事人,即出票人、收款人和付款人。

1. 使用商业汇票须遵守的原则

(1)使用商业汇票的单位必须是在银行开立账户的法人。

(2)签发商业汇票必须以合法的商品交易为基础,禁止签发无商品交易的汇票。

(3)商业汇票经承兑后,承兑人负有到期无条件支付票款的责任。

(4)商业汇票承兑期限最长不得超过6个月。如属分期付款,应一次签发若干张不同期限的汇票。

2. 商业汇票特征

(1)商业汇票由中国人民银行统一监督印制,具有统一规定格式、联次、颜色和规格。

(2)在紫光灯下商业汇票在规定位置有人民银行行徽或各专业银行行徽的荧光反应。

(3)商业承兑汇票的票号以两位英文字母冠首,其后是八位阿拉伯数字;银行承兑汇票是以分式冠首,上面是两位英文字母,下面是两位阿拉伯数字,分式后是八位阿拉伯数字。

(4)商业汇票的票号是以渗透性油墨印制,正面为黑色,字迹清晰、端正、间隔相等;反面为浅红色,整个号码区域用手摸有明显凹凸感。

(5)大写金额红水线栏使用水溶性荧光油墨,在紫光下有荧光反应。

(6)商业汇票在白光照射下,显现满版水印,银行承兑汇票和商业承兑汇票水印不同。

(7)商业汇票背面有二维标识码,在紫光下有微弱荧光反应。

3. 商业汇票要素

(1)表明"商业承兑汇票"或"银行承兑汇票"字样。

(2)无条件支付的委托。

确定的金额,票据金额以中文大写和数码同时记载,两者必须一致,不一致的票据无效。

(3)收款人名称与付款人名称不能相同,其开户银行可以相同也可以不同。

(4)商业汇票的出票日期必须是中文大写,且到期日与出票日间隔最长不超过6个月。

(5)出票人签章不符合规定则无效;单位在票据上的签章,应为该单位的财务专用章或公章,加其法定代表人或其授权代理人的签名或者盖章,商业承兑汇票的承兑人在票据上的签章应为其预留银行的签章;银行承兑汇票的承兑人签章,应为经中国人民银行批准使用的该银行汇票专用章,加其法定代表人或授权经办人的签名或盖章。银行用公章进行承兑的,亦应承担票据责任。承兑人签章不符合有关规定,其签章无效,但不影响其他符合规定签章的效力。

(6)票据上的记载事项应真实,不得伪造、变造;票据上有伪造、变造签章的,不影响票据上其他真实签章效力;票据上其他记载事项被变造的,在变造之前签章的人,对原记载事项负责;在变造之后签章的人,对变造之后的记载事项负责;不能分清的,视同在变造前签章。

(7)票据金额、日期、收款人名称不得更改,更改的票据无效。

(8)对于其他记载事项,原记载人可以更改,更改时应由原记载人签章证明。银行承兑汇票的原记载人为出票企业,银行不得更改银行承兑汇票。

(9)商业汇票的流通应当在规定的区域内进行,限定流通区域的票据,只能在限定的区域内流通,注明"不得转让"字样的票据,不得背书转让,只能持票到期收款。

4. 办理商业汇票业务应注意事项

(1)办理商业汇票必须以真实的交易关系和债权债务关系为基础,出票人不得签发无对价的商业汇票用以骗取银行或其他票据当事人的资金。

(2)商业汇票的出票人,应为在银行开立存款账户的法人以及其他组织,与付款人(即承兑人)具有真实的委托付款关系,并具有支付汇票金额的可靠资金来源。

(3)签发商业汇票必须按规定详细记载必须记载的事项。

(4)我国目前使用的商业承兑汇票和银行承兑汇票所采用的都是定期付款形式,出票人签发汇票时,应在汇票上记载具体的到期日。

(5)商业汇票可以在出票时向付款人提示承兑后使用,也可以在出票后先使用再向付款人提示承兑。商业承兑汇票和银行承兑汇票的持票人均应在汇票到期日前向付款人提示承兑。承兑不得附有条件。

(6)商业汇票的持票人向银行申请贴现时,必须提供与其直接前手之间的增值税发票和商品发运单据复印件,贴现银行办理转贴现、商品发运单据复印件。贴现利息的计算,承兑人在异地的,贴现、转贴现和再贴现的银行应另加3天的划款日期。

商业汇票的票款结算一般采用委托收款方式。商业汇票的提示付款期,自汇票到期日起10日。持票人应在提示付款期内通过开户银行委托收款或直接向付款人提示付款。对异地委托收款的,持票人可匡算邮程,提前通过开户银行委托收款。

5. 如何鉴别商业汇票

(1)观看其纸张颜色、印章颜色和形状是否有异,观看汇票的纹印是否清晰,观看号码、金额部位是否有涂改迹象。

(2)摸汇票的纸张是否有轻薄的感觉,手感是否有异;摸号码区域是否有毛糙感觉,是否有明显凹凸感。

(3) 在白光和紫光下照射、观看号码区、金额书写部位，观看二维标识码及背书印刷字体颜色，是一样还是有异。

六、现金结算

现金结算是维修行业普遍采用的一种方式，但主要适用与个人结算。结算时需注意：
(1) 收取现金至少清点两遍。
(2) 严格按现金开支范围使用和收取的现金。
(3) 注意识别现金的真伪。

第二节 发票知识

发票是指在购销商品、提供或者接受服务以及从事其他经营活动中，开具、收取的收付款凭证。它是消费者的购物凭证，是纳税人经济活动的重要商事凭证，也是财政、税收、审计等部门进行财务税收检查的重要依据。

1. 发票作用

发票是记录经营活动的一种原始证明；发票是加强财务会计管理，保护国家财产安全的重要手段；发票是税务稽查的重要依据；发票是维护社会秩序的重要工具。随着市场经济的发展，商品流通的不断扩大，发票在整个社会经济活动中，特别是在税收征管及财务管理中起的作用越来越大。其作用主要有以下几个方面：

(1) 发票是记录经营活动的原始证明。由于发票上载明的经济事项较为完整，既有填制单位印章，又有经办人签章，还有监制机关、字轨号码、发票代码等，具有法律证明效力。它为工商部门检查经济合同，处理合同纠纷，法院裁定民事诉讼，消费者向销货方要求调换、退货、修理商品，公安机关核发车船牌照，保险公司理赔等，提供了重要依据。所以消费者个人养成主动索取发票的习惯是维护自身合法权益的保障。

(2) 发票是加强财务会计管理，保护国家财产安全的重要手段。发票是会计核算的原始凭证，正确填制发票是正确进行会计核算的基础。只有填制合法、真实的发票，会计核算才会真实可信，核算质量才有可靠保证，提供的会计信息才会准确、完整。

(3) 发票是税务稽查的依据。发票一经开具，票面上便载明征税对象的名称、数量、金额，为计税基数提供了原始依据。发票还为计算应税所得额、应税财产提供必备资料。离开了发票，要准确计算应纳税额是不可能的，所以税务稽查往往从发票检查入手。

(4) 发票是维护社会秩序的工具。发票具有证明作用，在一定条件下又有合同性质。各类发票违法行为，不仅与偷税骗税有关，还与社会秩序的诸多方面(如投机倒把、贪污受贿、走私贩私等)的案件关系甚大。发票这一道防线一松，将为经济领域的违法犯罪打开方便之门。所以，管好发票，不仅是税务机关自身的责任，也是整个社会的工作。

2. 发票种类

(1) 普通发票。普通发票主要由营业税纳税人和增值税小规模纳税人使用，增值税一般纳税人在不能开具专用发票的情况下也可使普通发票。

普通发票由行业发票和专用发票组成。前者适用于某个行业和经营业务,如商业零售统一发票、商业批发统一发票、工业企业产品销售统一发票等;后者仅适用于某一经营项目,如广告费用结算发票,商品房销售发票等。

普通发票的基本联为三联:第一联为存根联,开票方留存备查用;第二联为发票联,收执方作为付款或收款原始凭证;第三联为记账联,开票方作为记账原始凭证。

(2)增值税专用发票。增值税专用发票是我国实施新税制的产物,是国家税务部门根据增值税征收管理需要而设定的,是增值税一般纳税人销售货物或者提供应税劳务开具的发票,是购买方支付增值税额并可按照增值税有关规定据以抵扣增值税进项税额的凭证。专用发票既具有普通发票所具有的内涵,同时还具有比普通发票更特殊的作用。它不仅是记载商品销售额和增值税税额的财务收支凭证,而且是兼记销货方纳税义务和购货方进项税额的合法证明,是购货方据以抵扣税款的法定凭证,对增值税的计算起着关键性作用。

增值税专用发票由基本联次或者基本联次附加其他联次构成,基本联次为三联:发票联、抵扣联和记账联。发票联,作为购买方核算采购成本和增值税进项税额的记账凭证;抵扣联,作为购买方报送主管税务机关认证、增值税进项税额的记账凭证;记账联,作为销售方核算销售收入和增值税销项税额的记账凭证。其他联次用途,由一般纳税人自行确定。

3. 开具普通发票有哪些规定

(1)在销售商品、提供服务以及从事其他经营活动对外收取款项时,应向付款方开具发票。特殊情况下,由付款方向收款方开具发票。向消费者个人零售小额商品,也可以不开发票,但如果消费者索要发票时,则不得拒开。

(2)开具发票应按规定时限、顺序、逐栏、全部联次一次性如实开具,并加盖单位财务印章或发票专用章。

(3)使用计算机开具发票,须经国税机关批准,并使用国税机关统一监制的机外发票,并要求开具后的存根联按顺序号装订成册。

(4)发票限于领购单位和个人在本省、自治区、直辖市范围内使用。临时到本省、自治区、直辖市以外从事经营活动的单位或个人,应凭所在地税务机关证明,向经营地税务机关申购经营地的发票。省、自治区、直辖市税务机关可以做出跨市、县开具发票的办法。

(5)开具发票的单位和个人的税务登记内容发生变化时,应办理发票和发票领购簿的变更、缴销手续。注销税务登记前,应当缴销发票领购簿和发票。

(6)所有单位和从事生产、经营的个人,在购买商品、接受服务,以及从事其他经营活动支付款项时,向收款方取得发票,不得要求变更品名和金额。

(7)对不符合规定的发票,不得作为报销凭证,任何单位和个人有权拒收。

(8)发票限于领购的单位和个人自己填用,任何单位和个人不得转借、转让、代开发票,未经税务机关批准,不得拆本使用发票;不得自行扩大专业发票使用范围。禁止倒买倒卖发票、发票监制章和发票防伪专用品。

(9)开具发票的单位和个人应按税务机关的规定存放和保管发票,不得擅自损毁。已经开具的发票存根联和发票登记簿,应保存五年。保存期满,报经税务机关查验后销毁。

(10)对于退回的普通发票,假如购货方和销货方均未作账务处理的,销货方必须收回原发票并注明"作废"字样,与存根联及其他联次一起粘贴以备核查;购货方未作账务处理,销货方已作账务处理的,销货方必须收回原发票后开具蓝字退货进仓单,方可开具等额的红字发票。同时,必须把红字发票记账联撕下作为冲账凭证,其余联次不得撕下,并把收回的原发票粘贴在红字发票存根联背面以备核查。

(11)任何单位和个人未经批准,不得跨区域携带、邮寄、运输空白发票。禁止携带、邮寄或者运输空白发票出入境。

(12)开具发票的单位和个人应当建立发票使用登记制度,设置发票登记簿,并定期向主管税务机关报告发票使用情况。

4. 增值税专用发票的开具规定

1)一般规定

(1)字迹清楚,填写齐全,正确无误,不得涂改。如填写有误,应另行开具,并在误填发票上注明"误填作废"。如开具后因购货方不索取而成为废票的,也应按填写有误办理。

(2)票、物相符,票面金额与实际收取的金额相符。

(3)全部联次一次填开,上、下联的内容和金额一致。

(4)发票联和抵扣联加盖财务专用章或发票专用章。

(5)按照规定时限开具专用发票。

(6)不得开具伪造的专用发票;不得拆本使用专用发票。

(7)不得开具票样与国家税务总局统一制定的票样不相符合的专用发票。开具的专用发票有不符合上列要求者,不得作为扣税凭证,购买方有权拒收。

2)具体规定

(1)一般纳税人应通过增值税防伪税控系统(以下简称"防伪税控系统")使用专用发票。使用(包括领购)、开具、缴销、认证纸质专用发票及其相应的数据电文。

(2)专用发票实行最高开票限额管理。最高开票限额,是指单份专用发票开具的销售额合计数不得达到的上限额度。最高开票限额由一般纳税人申请,税务机关依法审批。最高开票限额为10万元及以下的,由区县级税务机关审批;最高开票限额为100万元的,由地市级税务机关审批;最高开票限额为1000万元及以上的,由省级税务机关审批。防伪税控系统的具体发行工作由区县级税务机关负责。

(3)一般纳税人销售货物或者提供应税劳务,应向购买方开具专用发票。增值税小规模纳税人(以下简称"小规模纳税人")需要开具专用发票的,可向主管税务机关申请代开。

(4)增值税专用发票开具的要求:项目齐全,与实际交易相符;字迹清楚,不得压线、错格;发票联和抵扣联加盖财务专用章或者发票专用章;按照增值税纳税义务的发生时间开具。对不符合上述要求的专用发票,购买方有权拒收。

(5)增值税专用发票的开具时间:按照增值税纳税义务的发生时间开具。

(6)有下列情形之一的,一般纳税人不得领购开具增值税专用发票:

①会计核算制度不健全,不能向税务机关准确提供增值税销项税额、进项税额、应纳税额数据及其他有关增值税税务资料的。

②有《税收征管法》规定的税收违法行为,拒不接受税务机关处理的。

③有下列行为之一,经税务机关责令限期改正而仍未改正的:虚开增值税专用发票;私自印制专用发票;向税务机关以外的单位和个人买取专用发票;借用他人专用发票;未按《增

值税专用发票使用规定》第十一条开具专用发票;未按规定保管专用发票和专用设备;未按规定申请办理防伪税控系统变更发行;未按规定接受税务机关检查。

(7)纳税人有下列行为不得开具增值税专用发票:向消费者销售应税项目;销售免税项目;销售报关出口的货物;在境外销售应税劳务;将货物用于非应税项目;将货物用于集体福利和个人福利;将货物无偿赠送他人;提供非应税劳务转让无形资产或销售不动产。

向小规模纳税人销售应税项目可以不开具专用发票。

(8)增值税专用发票的作废。一般纳税人在开具专用发票当月发生销货退回、开票有误等情形,收到退回的发票联、抵扣联同时符合下列条件的,可即时作废:收到退回的发票联、抵扣联时间未超过销售方开票当月;销售方未抄税并且未记账;购买方未认证或者认证结果为"纳税人识别号认证不符"、"专用发票代码、号码认证不符",按作废处理;开具时发现有误的。

作废专用发票须在防伪税控系统中将相应的数据电文按"作废"处理,在纸质专用发票(含未打印的专用发票)各联次上注明"作废"字样,全联次留存。

第三节 税 务 知 识

税务登记又称纳税登记,是指税务机关根据税法规定,对纳税人的生产、经营活动进行登记管理的一项法定制度,也是纳税人依法履行纳税义务的法定手续。

税务登记有利于税务机关了解纳税人基本情况,掌握税源,加强征收与管理,建立税务机关与纳税人之间正常的工作联系,强化税收政策和法规的宣传,增强纳税意识等。

1. 税务登记用途

除按照规定不需要发给税务登记证件的外,纳税人办理下列事项时,必须持税务登记证件:

(1)开立银行账户。

(2)申请减税、免税、退税。

(3)申请办理延期申报、延期缴纳税款。

(4)领购发票。

(5)申请开具外出经营活动税收管理证明。

(6)办理停业、歇业。

(7)其他有关税务事项。

2. 什么单位或个人需要税务登记

凡有法律、法规规定的应税收入、应税财产或应税行为的各类纳税人,均应按规定办理税务登记。不从事生产、经营活动,但是依照法律、法规规定负有纳税义务的单位和个人,除临时取得应税收入或发生应税行为以及只缴纳个人所得税、车船使用税的外,也应按规定向税务机关办理税务登记。

各类企业,企业在外地设立的分支机构和从事生产、经营的场所,个体工商户和从事生产、经营的事业单位,应当自领取营业执照之日起(或自工商行政管理部门办理变更登记之日起)30日内向所在地税务机关申请办理税务登记。

3. 税务登记内容及时间

税务登记包括开业登记、变更登记、停业复业登记、注销登记和外出经营报验登记等。

1) 开业税务登记

从事生产、经营的纳税人、个体工商户和从事生产、经营的事业单位,应当自领取营业执照之日起30日内向所在地税务机关申请办理税务登记;其他纳税人应自成为纳税义务人之日起30日内向所在地税务机关申报办理税务登记。

2) 变更税务登记

自工商行政管理部门办理变更登记之日起30日内,持相关证件到原税务登记机关申报办理变更税务登记;纳税人按照规定不需在工商行政管理机关办理变更登记的,或者其税务登记的内容与工商登记内容无关的,应自有关机关批准或者宣布变更之日起30日内,持相关证件到原税务登记机关申报办理变更税务登记。

3) 停业、复业税务登记

需要停业的,应向税务机关提出停业登记,说明停业的理由、时间、停业前纳税情况和发票的领、用、存情况,并如实填写申请停业登记表。税务机关经过审核,应当责成申请停业的纳税人结清税款并收回其税务登记证件、发票领购簿和发票,办理停业登记。纳税人的发票不便收回的,税务机关应当就地予以封存;经核准停业在15日以上的纳税人,税务机关应当相应调整已经核定的应纳税额;纳税人停业期间发生纳税义务,应当及时向主管税务机关申报,依法补缴应纳税款。恢复生产、经营之前,应向税务机关提出复业登记申请,经确认后,办理复业登记,领回或启用税务登记证件和发票领购簿及其领购的发票,纳入正常管理;纳税人停业期满不能及时恢复生产、经营的,应当在停业期满前向税务机关提出延长停业登记;纳税人停业期满未按期复业又不申请延长停业的,税务机关应当视为已恢复营业,实施正常的税收征收管理。

4) 注销税务登记

纳税人发生解散、破产、撤销以及其他情形,依法终止纳税义务的,应当在向工商行政管理机关办理注销登记前,向原税务登记管理机关申报办理注销税务登记。按照规定不需在工商行政管理机关办理注销登记的纳税人,应自有关机关批准或者宣告终止之日起15日内,向原税务登记机关申报办理注销税务登记。

纳税人因生产、经营场所变动而涉及改变税务登记机关的,应在向工商行政管理机关申请办理变更或注销登记前或者生产、经营地点变动前,向原税务登记机关办理注销税务登记,再向迁达地税务机关申报办理税务登记。

纳税人被工商行政管理机关吊销营业执照的,应当自营业执照被吊销之日起15日内,向原税务登记机关申报办理注销登记。

纳税人因生产、经营地点发生变化注销税务登记的,原税务登记机关在对其注销税务登记的同时,应向迁达地税务机关递解纳税人迁移通知书,由迁达地税务机关重新办理税务登记。如遇纳税人已经或正在享受税收优惠待遇的,迁出地税务机关应在迁移通知书上注明。

5) 外出经营如何报验税务登记

从事生产、经营的纳税人到外县(市)进行生产经营的,应向主管税务机关申请开具外出经营活动税收管理证明;外出经营活动结束,纳税人应当向经营地税务机关填报《外出经营活动情况申报表》,并按规定结清税款、缴销未使用完的发票。经营地税务机关应当在《证明》上注明纳税人的经营、纳税及发票使用情况。纳税人应持此《证明》,在《证明》有效期届满10日内，回到所在地税务机关办理《证明》缴销手续。

4. 纳税申报的内容及时间

(1) 纳税人领取税务登记证15日内应向税务机关报送财务、会计制度。

(2) 纳税人使用计算机记账的，应在使用前将会计电算化系统的核算软件、使用说明书及有关资料报送主管税务机关备案。

(3) 报送纳税申报表和财务报表，与纳税有关的合同、协议书及凭证，外出经营活动税收管理证明和异地完税证明，公证机构出具的有关证明文件，纳税申报的时间和期限，纳税人申报时间和扣缴义务人申报、结报、代扣代缴、代收代缴税款的时间等，由县(市)税务机关按照税法规定和纳税人、扣缴义务人的具体情况确定；税人到税务机关办理纳税申报有困难的，经税务机关批准，可以邮寄申报。邮寄申报以寄出地邮戳日期为实际申报日期。

5. 我国的税种

我国现行使用的税种有：增值税、消费税、营业税、资源税、所得税、外商投资企业和外国企业所得税、固定资产投资方向调节税、城市维护建设税、城镇土地使用税、房地产税、车船使用税、印花税、土地增值税、契税、进出口关税等。

6. 税率

税率是应纳税额与征税对象之间的比例，是计算税额的尺度，反映了征税深度。在征税对象数额已定的情况下，税率高低决定了税额多少，我国税率分为三种。

(1) 比例税率。是对同一征税对象，不论数额多少，按照所需税目，都按同一比例征税。这种税率在税额和征税对象之间的比例是固定的。

(2) 累进税率。是按照征税对象的数额大小或比率高低，划分为若干等级，每个等级由低到高规定相应的税率。税率与征税对象数额或比率成正比，征税对象数额大、比率高；反之，税率就低。

(3) 定额税率。是按征税对象的一定计量单位直接规定一定数量的税额，而不是征收比例。定额税率一般只适用于从量计征的某些税种。

7. 增值税

根据《中华人民共和国增值税暂行条例》，凡在中华人民共和国境内销售货物或者提供加工、修理修配劳务以及进口货物的单位和个人，为增值税的纳税义务人。增值税税率为：

(1) 纳税人销售或者进口下列货物，税率为13%：粮食、食用植物油；自来水、暖气、冷气、热水、煤气、石油液化气、天然气、沼气、居民用煤炭制品；图书、报纸、杂志；饲料、化肥、农药、农机、农膜。

(2) 小规模纳税人征收率为6%(生产、加工的小规模纳税人)或4%(批发、零售的小规模纳税人)。

8. 税收年检规定

(1) 检查纳税人的账簿、记账凭证、报表和有关资料，检查扣缴义务人代扣代缴、代收代缴税款账簿、记账凭证和有关资料。

(2) 到纳税人的生产、经营场所和货物存放地(不包括生活区和机关)检查纳税人应纳税的商品、货物或其他财产，检查扣缴义务人与代扣代缴、代收代缴税款有关经营情况。

(3) 责成纳税人、扣缴义务人提供与纳税或代扣代缴、代收代缴税款有关的文件、证明材料和有关资料。

(4)询问纳税人、扣缴义务人与纳税或代扣代缴、代收代缴税款有关的问题和情况。

(5)到车站、码头、机场、邮政企业及其分支机构检查纳税人托运、邮寄应纳税商品、货物或其他财产的有关单据、凭证和有关资料。

(6)经县以上税务局(分局)局长批准,凭全国统一格式的检查存款账户许可证明,查核从事生产、经营的纳税人、扣缴义务人在银行或其他金融机构的存款账户;查核从事生产、经营的纳税人的储蓄存款,须经银行县、市支行或市分行的区办事处核对,指定所属储蓄所提供材料。

(7)税务机关在行使"查核"职权时,应指定专人负责,凭全国统一格式的检查存款账户许可证明进行,并有责任为被检查人保守秘密。税务机关派出的人员进行税务检查时,应出示税务检查证件。无税务检查证的,纳税人、扣缴义务人及其他当事人有权拒绝检查。

第四节　汽车维修企业的财务报告

会计报表是根据日常会计核算资料归集、加工、汇总而形成的结果,综合反映了企业资产、负债和所有者权益的情况及一定时期的经营成果和现金流量,是会计核算的总结。主要包括资产负债表、利润表、现金流量表、所有者权益(或股东权益)变动表附注等。

一、会计报表

1. 会计报表分类

(1)按照所反映的内容分类。会计报表按照所反映的内容,分为动态会计报表和静态会计报表。动态会计报表是反映一定时期内资金耗费和资金收回的报表;静态报表则是指综合地反映企业在某一时点资产总额和权益总额的会计报表。

(2)按照编报时间分类。会计报表按照编报时间,分为月报、季报和年报。月报要求简明扼要、及时反映,如资产负债表、利润表等;年报要求揭示完整、反映全面,如现金流量表等;季报在会计信息的详细程度方面,介于月报和年报之间。

(3)按照编制单位分类。会计报表按照编制单位,可以分为单位报表和汇总报表。单位报表是指企业在自身会计核算的基础上,对账簿记录进行加工而编制的会计报表,以反映企业本身的财务状况和经营成果;汇总报表是指由企业主管部门或上级机关,根据所属单位报送的会计报表,连同本单位会计报表汇总编制的综合性会计报表。

(4)按照各项目所反映的数字内容分类。会计报表按照各项目所反映的数字内容,可以分为个别会计报表和合并会计报表。个别会计报表各项目数字所反映的内容,仅仅包括单个企业的财务数据;合并会计报表是由母公司编制的,一般包括所有控股子公司会计报表的数字,通过编制和提供合并会计报表,可以向会计报表使用者提供公司集团总体的财务状况和经营成果。

(5)按照服务对象分类。会计报表按照服务对象,可以分为内部报表和外部报表。内部报表是指为适应企业内部经营管理需要而编制的不对外公开的会计报表,如成本报表就属于内部报表;外部报表是指企业向外提供的会计报表,如资产负债表、利润表、现金流量表、所有者权益(或股东权益)变动表等就属于外部报表。

2. 编制会计报表的要求

为保证会计报表所提供的信息能够及时、准确、完整地反映企业的财务状况和经营成果,满足信息使用者的需要,企业在编制会计报表时,就必须做到数字客观真实、计算准确、内容完整、手续齐备和报送及时等编制会计报表的一般要求。

3. 利润表

利润表是反映企业在一定会计期间经营成果的报表。例如,反映 1 月 1 日至 12 月 31 日经营成果的利润表,由于它反映的是某一期间的情况,所以,又称为动态报表。有时,利润表也称为损益表、收益表。

1)利润表的结构

我国利润表采用多步式格式。多步式利润表计算步骤:一是以营业收入为基础,扣除企业或其他经济组织日常主要经营活动中所发生的成本、税金、期间费用及资产减值损失,加上公允价值变动收益和投资收益等,从而计算出营业利润;二是在营业利润的基础上,加减营业外收支项目,从而计算出利润总额;三是以利润总额扣除所得税后,得出净利润。最后,利润表必须列示每股收益项目,包括基本每股收益和稀释每股收益项目(表 5-3)。

多步式利润表 表 5-3

××年×月 单位:元

项　　目	本月数	本年累计数
一、营业收入		
减:营业成本		
营业税金及附加		
销售费用		
管理费用		
财务费用		
资产减值损失		
加:公允价值变动净收益		
投资净收益		
二、营业利润		
加:营业外收入		
减:营业外支出		
三、利润总额		
减:所得税费用		
四、净利润		
五、每股收益		
(一)基本每股收益		
(二)稀释每股收益		

2)利润表的编制

编制月报时,"本期金额"栏反映各项目的本月实际发生数,"本年累计金额"栏反映各项目自年初起至报告期末止的累计实际发生数。编报年报时,"上年金额"栏内各项数字,应根据上年度利润表"本年金额"栏内所列数字填列。如果上年度利润表与本年度利润表的项目名称和内容不相一致,应对上年度利润表项目的名称和数字按本年度的规定进行调整,填入本表"上年金额"栏内。

利润表中"本期金额"栏内各项目的内容和填列方法:

(1)"营业收入"项目,反映企业经营业务所取得的收入总额。本项目应根据"主营业务收入"账户和"其他业务收入"账户的发生额合计填列。

(2)"营业成本"项目,反映企业经营业务发生的实际成本。本项目应根据"主营业务成本"账户和"其他业务支出"账户的发生额合计填列。

(3)"营业税金及附加"反映了企业经营业务应负担的营业税、消费税、城市维护建设税、资源税、土地增值税等。本项目应根据"营业税金及附加"账户的发生额分析填列。

(4)"销售费用"项目,反映企业在销售商品和商品流通企业在购入商品等过程中发生的费用。本项目应根据"销售费用"账户的发生额分析填列。

(5)"管理费用"项目,反映企业发生的管理费用。本项目应根据"管理费用"账户的发生额分析填列。

(6)"财务费用"项目,反映企业发生的财务费用,应根据账户发生额分析填列。

(7)"资产减值损失"项目,反映企业因资产减值而发生的损失。本项目应根据"资产减值损失"账户的发生额分析填列。

(8)"公允价值变动净收益"项目,反映企业资产因公允价值变动而发生的损益。本项目应根据"公允价值变动损益"账户的发生额分析填列。

(9)"投资净收益"项目,反映企业以各种方式对外投资所取得的收益。本项目应根据"投资收益"账户的发生额分析填列;如为投资损失,以"－"号填列。

(10)"营业外收入"项目,反映企业发生的与其经营活动无直接关系的各项收入。本项目应根据"营业外收入"账户的发生额分析填列。

(11)"营业外支出"项目,反映企业发生的与其经营活动无直接关系的各项支出。本项目应根据"营业外支出"账户的发生额分析填列。

(12)"所得税费用"项目,反映企业按规定从本期损益中减去的所得税。本项目应根据"所得税费用"账户的发生额分析填列。

(13)"净利润"项目,反映企业实现的净利润。如为净亏损,以"－"号填列。

(14)"基本每股收益"和"稀释每股收益"项目,反映企业根据每股收益准则计算的两种每股收益指标的金额。

4. 资产负债表

资产负债表是反映企业某一特定日期财务状况的会计报表。

它是根据"资产＝负债＋所有者权益"会计等式,按照一定分类标准和顺序,把企业在一定日期的资产、负债、所有者权益等予以适当排列,并对日常工作中形成的大量数据进行高度浓缩整理后编制而成的。

1)资产负债表提供的信息

资产负债表能够提供资产、负债和所有者权益的全貌。它可以提供某一日期资产的总额,表明企业拥有的经济资源及分布情况,是分析企业生产经营能力的重要资料;可以反映某一日期的负债总额及结构,表明企业未来需用多少资产或劳务清偿债务;可以反映所有者权益的情况,表明投资者在企业资产中所占份额,了解权益的结构情况。资产负债表还能够提供进行财务分析所需的基本资料,即可以通过该表计算流动比率、速动比率、资产负债率等,以了解企业的短期和长期偿债能力等。

2)资产负债表的结构

资产负债表包括:各项资产总额及构成(含流动资产和非流动资产);负债总额及构成(含流动负债和非流动负债);所有者权益总额及构成(含投资者投入资本及留存收益)。

资产负债表主要有报告式和账户式(表5-4)两种。我国一般采用账户式。

资产负债表　　　　　　　　表5-4

编制单位:××　　　　20××年×月31日　　　　单位:元

资产	期末余额	年初余额	负债和所有者权益	期末余额	年初余额
流动资产:			流动负债:		
货币资金			短期借款		
交易性金融资产			交易性金融负债		
应收票据			应付票据		
应收账款			应付账款		
预付款项			预收款项		
应收利息			应付职工薪酬		
应收股利			应交税费		
其他应收款			应付利息		
存货			应付股利		
一年内到期的非流动资产			其他应付款		
其他流动资产			一年内到期的非流动负债		
流动资产合计			其他流动负债		
非流动资产:			流动负债合计		
可供出售金融资产			非流动负债:		
持有至到期投资			长期借款		
长期应收款			应付债券		
长期股权投资			长期应付款		
投资性房地产			专项应付款		
固定资产			预计负债		
在建工程			递延所得税负债		
工程物资			其他非流动负债		
固定资产清理			非流动负债合计		
生产性生物资产			负债合计		
油气资产			所有者权益:		
无形资产			实收资本(或股本)		

续上表

资　产	期末余额	年初余额	负债和所有者权益	期末余额	年初余额
开发支出			资本公积		
商誉			减:库存股		
长期待摊费用			盈余公积		
递延所得税资产			未分配利润		
其他非流动资产			所有者权益合计		
非流动资产合计					
资产总计			负债和所有者权益或股东权益总计		

3) 资产负债表的编制

资产负债表"期初余额"栏各项数字应根据上年末"期末余额"栏内所列数字填列。"期末余额"栏各项目主要是根据资产、负债和所有者权益期末余额记录编制的。

具体项目的编制：

（1）"货币资金"项目，反映企业期末持有的现金、银行存款和其他货币资金等的总和。本项目应根据"库存现金"、"银行存款"、"其他货币资金"账户的期末余额相加后填列。

（2）"交易性金融资产"、"应收票据"、"预付账款"、"应收股利"、"应收利息"、"待摊费用"、"其他流动资产"、"可供出售金融资产"、"在建工程"、"工程物资"、"固定资产清理"、"开发支出"、"商誉"、"递延所得税资产"、"其他非流动资产"等项目，反映企业持有的相应资产的期末价值，一般应根据各个账户的期末借方余额直接填列。其中，"预付账款"账户所属有关明细账期末有贷方余额的，应在本表"应付账款"项目内填列。

（3）"应收账款"、"其他应收款"、"长期应收款"、"存货"、"消耗性生物资产"、"持有至到期投资"、"投资性房地产"、"长期股权投资"、"固定资产"、"生产性生物资产"、"油气资产"、"无形资产"等资产项目，反映企业期末持有的相应资产的实际价值，应当以扣减提取的相应资产减值准备后的净额填列。其中，"固定资产"、"无形资产"、"生产性生物资产"、"油气资产"项目，还应按减去相应的"累计折旧"、"累计摊销"、"生产性生物资产累计折旧"、"累计折耗"期末余额后的金额填列。材料采用计划成本核算以及库存商品采用计划成本或售价核算的，"存货"项目还应按加上或减去"材料成本差异"、"商品进销差价"期末余额后的金额填列。如果"应收账款"账户中所属明细账期末有贷方余额，应在本表"预收账款"项目内填列。"代理业务资产"减去"代理业务负债"后的余额在"存货"项目中反映。建造承包商的"工程施工"期末余额大于"工程结算"期末余额的差额，应在"存货"项目中反映。"长期应收款"项目，应按减去相应的"未实现融资收益"期末余额后的金额填列。企业期末持有的公益性生物资产，应在"其他非流动资产"项目中反映。

（4）"短期借款"、"交易性金融负债"、"应付票据"、"应付账款"、"预收账款"、"应付职工薪酬"、"应交税费"、"应付利息"、"应付股利"、"其他应付款"、"预提费用"、"预计负债"、"其他流动负债"、"长期借款"、"应付债券"、"专项应付款"、"递延所得税负债"、"其他非流动负债"等项目，一般应反映企业期末尚未偿还的短期借款、应付未付给职工的各种薪酬、应交未交税费等，一般应根据各个账户的期末贷方余额直接填列。其中，"应付职工薪酬"、"应交税费"等期末转为债权的,应以"-"号填列。

(5)"实收资本"、"资本公积"、"盈余公积"、"库存股"等项目,一般应反映企业期末持有的接受投资者投入企业的实收资本、从净利润中提取的盈余公积余额、企业收购的尚未转让或注销的本公司股份金额等,应根据各个账户的期末贷方余额直接填列。其中,期末累计未分配利润、资本公积为负数的,以"-"号填列。

(6)企业与同一客户在购销商品结算中形成的债权债务关系,应当单独列示,不应当相互抵消,即应收账款不能与预收账款相互抵消、预付账款不能与应付账款相互抵消、应付账款不能与应收账款相互抵消、预收账款不能与预付账款相互抵消。长期应收款中将于一年内(含一年)到期的部分,在"一年内到期的非流动资产"项目中反映;长期待摊费用中将于一年内(含一年)摊销的部分,在"待摊费用"项目中反映;长期应付款中将于一年内到期的部分,在"一年内到期的非流动负债"项目中反映。

5.现金流量表

现金流量表是反映企业在一定会计期间内有关现金和现金等价物的流入和流出的报表。是以现金为基础编制的财务状况变动表。这里的现金是相对广义的现金,不仅包括库存现金,还包括企业随时支用的银行存款、其他货币资金,以及现金等价物。

(1)现金流量种类。企业一定时期内现金流入和流出是由各种因素产生的,现金流量表首先要对企业各项经济业务发生的现金流量进行合理的分类。

企业一定时期内发生的现金流量可分为以下三大类,即经营活动产生的现金流量、投资活动产生的现金流量和筹资活动产生的现金流量。

(2)现金流量表的基本格式及内容见表5-5。

现金流量表　　　　　　　　　　　　　表5-5

编制单位：　　　　　　　　××年度　　　　　　　　单位:元

项　　目	本期金额	上期金额
一、经营活动产生的现金流量		
销售商品、提供劳务收到的现金		
收到的税费返还		
收到的其他与经营活动有关的现金		
经营活动现金流入小计		
购买商品、接受劳务支付的现金		
支付给职工的现金		
支付的各项税费		
支付的其他与经营活动有关的现金		
经营活动现金流出小计		
经营活动产生的现金流量净额		
二、投资活动产生的现金流量		
收回投资所收到的现金		
取得投资收益所收到的现金		
处置固定资产、无形资产和其他长期资产收回的现金净额		
处置子公司及其他营业单位收到的现金净额		
收到其他与投资活动有关的现金		

续上表

项　目	本期金额	上期金额
投资活动现金流入小计		
购建固定资产、无形资产和其他长期资产支付的现金		
投资支付的现金		
取得子公司及其他营业单位支付的现金净额		
支付的其他与投资活动有关的现金		
投资活动现金流出小计		
投资活动产生的现金流量净额		
三、筹资活动产生的现金流量		
吸收投资收到的现金		
取得借款收到的现金		
收到的其他与筹资活动有关的现金		
筹资活动现金流入小计		
偿还债务支付的现金		
分配股利、利润或偿付利息支付的现金		
支付的其他与筹资活动有关的现金		
筹资活动现金流出小计		
筹资活动产生的现金流量净额		
四、汇率变动对现金的影响额		
五、现金及现金等价物净增加额		
加:期初现金及现金等价物余额		
六、期末现金及现金等价物余额		

（3）现金流量表的编制基础。现金流量表的编制基础是收付实现制。编制现金流量表时，应当调整那些由于运用权责发生制原则而增减了本期的净利润但并没有增加或减少现金的一些收益和费用、支出以及存货、应收应付等项目。

（4）现金流量表附注。现金流量表附注主要披露的内容有：

①企业应采用间接法在附注中披露将净利润调节为经营活动现金流量的信息。

②企业应当披露当期取得或处置子公司及其他营业单位的有关信息。

③企业应当披露现金及现金等价物的信息。

6．所有者权益变动表

所有者权益（或股东权益）变动表是反映企业年末所有者权益（或股东权益）增减变动情况的报表。

（1）所有者权益变动表列示项目。所有者权益变动表列示项目一般有：

①净利润；

②直接计入所有者权益的利得和损失项目及其总额；

③会计政策变更和差错更正的累积影响金额；

④所有者投入资本和向所有者分配利润等；

⑤按照规定提取的盈余公积；

⑥实收资本、资本公积、盈余公职、未分配利润的期初和期末余额及其调节情况。

（2）资产负债表与利润表勾稽关系。资产负债表反映的是某一个时点上的财务状况，属于静态报表。而利润表反映的是某一时期的经营成果,属于动态报表。利润表中的净利润是所有者权益的一个组成部分,在资产负债表中以留存收益的形式出现,作为资产负债表的一个投入量。相应地,资产负债表将各个会计期间的经营成果联结在一起,它是两个会计期间利润表之间的桥梁。

(3)资产负债表、利润表与现金流量表之间的关系。

①在现金流量表的编制基础不包括现金等价物的情况下,年末资产负债表中"货币资金"的年末数与年初数之差必须与现金流量表正表和补充资料中的"现金及现金等价物净增加额"相等。

②现金流量表中的"投资活动产生的现金流量"主要是指企业长期资产增减变动所引起的现金流量的增减变动,它主要依据资产负债表中的"固定资产"、"无形资产"等长期资产项目及相关账户资料来反映;"筹资活动产生的现金流量"是指导致企业所有者权益及借款规模和构成发生变化的活动所引起的现金流量的增减变动,它主要依据资产负债表中的"银行借款"、"应付账款"等负债项目来反映。

 复习思考题

1. 什么是支票?支票的有效期为几天?
2. 如何填写支票的日期?请填写2008年8月8日开出的支票日期。
3. 银行汇票可以如何使用?
4. 什么样的信用卡可以透支?
5. 发票分哪几种?各适用于什么场合?
6. 作废发票应该怎么处理?
7. 客户将发票丢失,要求补开,应该怎么应对?
8. 财务会计报告的作用是什么?包括哪些内容?
9. 什么要编制会计报表?会计报表的编制有哪些要求?
10. 为什么要编制资产负债表?
11. 资产负债表的结构和内容是什么?
12. 现金流量表包括哪些具体内容?其结构如何?

附录一　机动车维修管理规定

（2005年6月24日交通部发布,根据2015年8月8日《交通运输部关于修改〈机动车维修管理规定〉的决定》第一次修正,根据2016年4月19日《交通运输部关于修改〈机动车维修管理规定〉的决定》第二次修正）

第一章　总　　则

第一条　为规范机动车维修经营活动,维护机动车维修市场秩序,保护机动车维修各方当事人的合法权益,保障机动车运行安全,保护环境,节约能源,促进机动车维修业的健康发展,根据《中华人民共和国道路运输条例》及有关法律、行政法规的规定,制定本规定。

第二条　从事机动车维修经营的,应当遵守本规定。

本规定所称机动车维修经营,是指以维持或者恢复机动车技术状况和正常功能,延长机动车使用寿命为作业任务所进行的维护、修理以及维修救援等相关经营活动。

第三条　机动车维修经营者应当依法经营,诚实信用,公平竞争,优质服务,落实安全生产主体责任和维修质量主体责任。

第四条　机动车维修管理,应当公平、公正、公开和便民。

第五条　任何单位和个人不得封锁或者垄断机动车维修市场。

托修方有权自主选择维修经营者进行维修。除汽车生产厂家履行缺陷汽车产品召回、汽车质量"三包"责任外,任何单位和个人不得强制或者变相强制指定维修经营者。

鼓励机动车维修企业实行集约化、专业化、连锁经营,促进机动车维修业的合理分工和协调发展。

鼓励推广应用机动车维修环保、节能、不解体检测和故障诊断技术,推进行业信息化建设和救援、维修服务网络化建设,提高机动车维修行业整体素质,满足社会需要。

鼓励机动车维修企业优先选用具备机动车检测维修国家职业资格的人员,并加强技术培训,提升从业人员素质。

第六条　交通运输部主管全国机动车维修管理工作。

县级以上地方人民政府交通运输主管部门负责组织领导本行政区域的机动车维修管理工作。

县级以上道路运输管理机构负责具体实施本行政区域内的机动车维修管理工作。

第二章　经营许可

第七条　机动车维修经营依据维修车型种类、服务能力和经营项目实行分类许可。

机动车维修经营业务根据维修对象分为汽车维修经营业务、危险货物运输车辆维修经营业务、摩托车维修经营业务和其他机动车维修经营业务四类。

汽车维修经营业务、其他机动车维修经营业务根据经营项目和服务能力分为一类维修经营业务、二类维修经营业务和三类维修经营业务。

摩托车维修经营业务根据经营项目和服务能力分为一类维修经营业务和二类维修经营业务。

第八条　获得一类、二类汽车维修经营业务或者其他机动车维修经营业务许可的,可以从事相应车型的整车修理、总成修理、整车维护、小修、维修救援、专项修理和维修竣工检验工作;获得三类汽车维修经营业务(含汽车综合小修)、三类其他机动车维修经营业务许可的,可以分别从事汽车综合小修或者发动机维修、车身维修、电气系统维修、自动变速器维修、轮胎动平衡及修补、四轮定位检测调整、汽车润滑与养护、喷油泵和喷油器维修、曲轴修磨、汽缸镗磨、散热器维修、空调维修、汽车美容装潢、汽车玻璃安装及修复等汽车专项维修工作。具体有关经营项目按照《汽车维修业开业条件》(GB/T 16739)相关条款的规定执行。

第九条　获得一类摩托车维修经营业务许可的,可以从事摩托车整车修理、总成修理、整车维护、小修、专项修理和竣工检验工作;获得二类摩托车维修经营业务许可的,可以从事摩托车维护、小修和专项修理工作。

第十条　获得危险货物运输车辆维修经营业务许可的,除可以从事危险货物运输车辆维修经营业务外,还可以从事一类汽车维修经营业务。

第十一条　申请从事汽车维修经营业务或者其他机动车维修经营业务的,应当符合下列条件:

(一)有与其经营业务相适应的维修车辆停车场和生产厂房。租用的场地应当有书面的租赁合同,且租赁期限不得少于1年。停车场和生产厂房面积按照国家标准《汽车维修业开业条件》(GB/T 16739)相关条款的规定执行。

(二)有与其经营业务相适应的设备、设施。所配备的计量设备应当符合国家有关技术标准要求,并经法定检定机构检定合格。从事汽车维修经营业务的设备、设施的具体要求按照国家标准《汽车维修业开业条件》(GB/T 16739)相关条款的规定执行;从事其他机动车维修经营业务的设备、设施的具体要求,参照国家标准《汽车维修业开业条件》(GB/T 16739)执行,但所配备设施、设备应与其维修车型相适应。

(三)有必要的技术人员:

1. 从事一类和二类维修业务的应当各配备至少1名技术负责人员、质量检验人员、业务接待人员以及从事机修、电器、钣金、涂漆的维修技术人员。技术负责人员应当熟悉汽车或者其他机动车维修业务,并掌握汽车或者其他机动车维修及相关政策法规和技术规范;质量检验人员应当熟悉各类汽车或者其他机动车维修检测作业规范,掌握汽车或者其他机动车维修故障诊断和质量检验的相关技术,熟悉汽车或者其他机动车维修服务收费标准及相关政策法规和技术规范,并持有与承修车型种类相适应的机动车驾驶证;从事机修、电器、钣金、涂漆的维修技术人员应当熟悉所从事工种的维修技术和操作规范,并了解汽车或者其他机动车维修及相关政策法规。各类技术人员的配备要求按照《汽车维修业开业条件》(GB/T 16739)相关条款的规定执行。

2. 从事三类维修业务的,按照其经营项目分别配备相应的机修、电器、钣金、涂漆的维修技术人员;从事汽车综合小修、发动机维修、车身维修、电气系统维修、自动变速器维修的,还应当配备技术负责人员和质量检验人员。各类技术人员的配备要求按照国家标准《汽车维修业开业条件》(GB/T 16739)相关条款的规定执行。

（四）有健全的维修管理制度。包括质量管理制度、安全生产管理制度、车辆维修档案管理制度、人员培训制度、设备管理制度及配件管理制度。具体要求按照国家标准《汽车维修业开业条件》(GB/T 16739)相关条款的规定执行。

（五）有必要的环境保护措施。具体要求按照国家标准《汽车维修业开业条件》(GB/T 16739)相关条款的规定执行。

第十二条　从事危险货物运输车辆维修的汽车维修经营者，除具备汽车维修经营一类维修经营业务的开业条件外，还应当具备下列条件：

（一）有与其作业内容相适应的专用维修车间和设备、设施，并设置明显的指示性标志。

（二）有完善的突发事件应急预案，应急预案包括报告程序、应急指挥以及处置措施等内容。

（三）有相应的安全管理人员。

（四）有齐全的安全操作规程。

本规定所称危险货物运输车辆维修，是指对运输易燃、易爆、腐蚀、放射性、剧毒等性质货物的机动车维修，不包含对危险货物运输车辆罐体的维修。

第十三条　申请从事摩托车维修经营的，应当符合下列条件：

（一）有与其经营业务相适应的摩托车维修停车场和生产厂房。租用的场地应有书面的租赁合同，且租赁期限不得少于1年。停车场和生产厂房的面积按照国家标准《摩托车维修业开业条件》(GB/T 18189)相关条款的规定执行。

（二）有与其经营业务相适应的设备、设施。所配备的计量设备应符合国家有关技术标准要求，并经法定检定机构检定合格。具体要求按照国家标准《摩托车维修业开业条件》(GB/T 18189)相关条款的规定执行。

（三）有必要的技术人员：

1.从事一类维修业务的应当至少有1名质量检验人员。质量检验人员应当熟悉各类摩托车维修检测作业规范，掌握摩托车维修故障诊断和质量检验的相关技术，熟悉摩托车维修服务收费标准及相关政策法规和技术规范。

2.按照其经营业务分别配备相应的机修、电器、钣金、涂漆的维修技术人员。机修、电器、钣金、涂漆的维修技术人员应当熟悉所从事工种的维修技术和操作规范，并了解摩托车维修及相关政策法规。

（四）有健全的维修管理制度。包括质量管理制度、安全生产管理制度、摩托车维修档案管理制度、人员培训制度、设备管理制度及配件管理制度。具体要求按照国家标准《摩托车维修业开业条件》(GB/T 18189)相关条款的规定执行。

（五）有必要的环境保护措施。具体要求按照国家标准《摩托车维修业开业条件》(GB/T 18189)相关条款的规定执行。

第十四条　申请从事机动车维修经营的，应当向所在地的县级道路运输管理机构提出申请，并提交下列材料：

（一）《交通行政许可申请书》、有关维修经营申请者的营业执照原件和复印件。

(二)经营场地(含生产厂房和业务接待室)、停车场面积材料、土地使用权及产权证明原件和复印件。

(三)技术人员汇总表,以及各相关人员的学历、技术职称或职业资格证明等文件原件和复印件。

(四)维修检测设备及计量设备检定合格证明原件和复印件。

(五)按照汽车、其他机动车、危险货物运输车辆、摩托车维修经营,分别提供本规定第十一条、第十二条、第十三条规定条件的其他相关材料。

第十五条 道路运输管理机构应当按照《中华人民共和国道路运输条例》和《交通行政许可实施程序规定》规范的程序实施机动车维修经营的行政许可。

第十六条 道路运输管理机构对机动车维修经营申请予以受理的,应当自受理申请之日起15日内作出许可或者不予许可的决定。符合法定条件的,道路运输管理机构作出准予行政许可的决定,向申请人出具《交通行政许可决定书》,在10日内向被许可人颁发机动车维修经营许可证件,明确许可事项;不符合法定条件的,道路运输管理机构作出不予许可的决定,向申请人出具《不予交通行政许可决定书》,说明理由,并告知申请人享有依法申请行政复议或者提起行政诉讼的权利。

机动车维修经营者应当在取得相应工商登记执照后,向道路运输管理机构申请办理机动车维修经营许可手续。

第十七条 申请机动车维修连锁经营服务网点的,可由机动车维修连锁经营企业总部向连锁经营服务网点所在地县级道路运输管理机构提出申请,提交下列材料,并对材料真实性承担相应的法律责任:

(一)机动车维修连锁经营企业总部机动车维修经营许可证件复印件。

(二)连锁经营协议书副本。

(三)连锁经营的作业标准和管理手册。

(四)连锁经营服务网点符合机动车维修经营相应开业条件的承诺书。

道路运输管理机构在查验申请资料齐全有效后,应当场或在5日内予以许可,并发给相应许可证件。连锁经营服务网点的经营许可项目应当在机动车维修连锁经营企业总部许可项目的范围内。

第十八条 机动车维修经营许可证件实行有效期制。从事一、二类汽车维修业务和一类摩托车维修业务的证件有效期为6年;从事三类汽车维修业务、二类摩托车维修业务及其他机动车维修业务的证件有效期为3年。

机动车维修经营许可证件由各省、自治区、直辖市道路运输管理机构统一印制并编号,县级道路运输管理机构按照规定发放和管理。

第十九条 机动车维修经营者应当在许可证件有效期届满前30日到作出原许可决定的道路运输管理机构办理换证手续。

第二十条 机动车维修经营者变更经营资质、经营范围、经营地址、有效期限等许可事项的,应当向作出原许可决定的道路运输管理机构提出申请;符合本章规定许可条件、标准的,道路运输管理机构依法办理变更手续。

机动车维修经营者变更名称、法定代表人等事项的,应当向作出原许可决定的道路运输管理机构备案。

机动车维修经营者需要终止经营的,应当在终止经营前30日告知作出原许可决定的道路运输管理机构办理注销手续。

第三章 维修经营

第二十一条 机动车维修经营者应当按照经批准的行政许可事项开展维修服务。

第二十二条 机动车维修经营者应当将机动车维修经营许可证件和《机动车维修标志牌》(见附件1)悬挂在经营场所的醒目位置。

《机动车维修标志牌》由机动车维修经营者按照统一式样和要求自行制作。

第二十三条 机动车维修经营者不得擅自改装机动车,不得承修已报废的机动车,不得利用配件拼装机动车。

托修方要改变机动车车身颜色,更换发动机、车身和车架的,应当按照有关法律、法规的规定办理相关手续,机动车维修经营者在查看相关手续后方可承修。

第二十四条 机动车维修经营者应当加强对从业人员的安全教育和职业道德教育,确保安全生产。

机动车维修从业人员应当执行机动车维修安全生产操作规程,不得违章作业。

第二十五条 机动车维修产生的废弃物,应当按照国家的有关规定进行处理。

第二十六条 机动车维修经营者应当公布机动车维修工时定额和收费标准,合理收取费用。

机动车维修工时定额可按各省机动车维修协会等行业中介组织统一制定的标准执行,也可按机动车维修经营者报所在地道路运输管理机构备案后的标准执行,也可按机动车生产厂家公布的标准执行。当上述标准不一致时,优先适用机动车维修经营者备案的标准。

机动车维修经营者应当将其执行的机动车维修工时单价标准报所在地道路运输管理机构备案。

机动车生产厂家在新车型投放市场后六个月内,有义务向社会公布其维修技术信息和工时定额。具体要求按照国家有关部门关于汽车维修技术信息公开的规定执行。

第二十七条 机动车维修经营者应当使用规定的结算票据,并向托修方交付维修结算清单。维修结算清单中,工时费与材料费应当分项计算。维修结算清单标准规范格式由交通运输部制定。

机动车维修经营者不出具规定的结算票据和结算清单的,托修方有权拒绝支付费用。

第二十八条 机动车维修经营者应当按照规定,向道路运输管理机构报送统计资料。

道路运输管理机构应当为机动车维修经营者保守商业秘密。

第二十九条 机动车维修连锁经营企业总部应当按照统一采购、统一配送、统一标识、统一经营方针、统一服务规范和价格的要求,建立连锁经营的作业标准和管理手册,加强对连锁经营服务网点经营行为的监管和约束,杜绝不规范的商业行为。

第四章 质量管理

第三十条 机动车维修经营者应当按照国家、行业或者地方的维修标准和规范进行维修。尚无标准或规范的,可参照机动车生产企业提供的维修手册、使用说明书和有关技术资料进行维修。

第三十一条 机动车维修经营者不得使用假冒伪劣配件维修机动车。

机动车维修配件实行追溯制度。机动车维修经营者应当记录配件采购、使用信息,查验产品合格证等相关证明,并按规定留存配件来源凭证。

托修方、维修经营者可以使用同质配件维修机动车。同质配件是指产品质量等同或者高于装车零部件标准要求,且具有良好装车性能的配件。

机动车维修经营者对于换下的配件、总成,应当交托修方自行处理。

机动车维修经营者应当将原厂配件、同质配件和修复配件分别标识,明码标价,供用户选择。

第三十二条 机动车维修经营者对机动车进行二级维护、总成修理、整车修理的,应当实行维修前诊断检验、维修过程检验和竣工质量检验制度。

承担机动车维修竣工质量检验的机动车维修企业或机动车综合性能检测机构应当使用符合有关标准并在检定有效期内的设备,按照有关标准进行检测,如实提供检测结果证明,并对检测结果承担法律责任。

第三十三条 机动车维修竣工质量检验合格的,维修质量检验人员应当签发《机动车维修竣工出厂合格证》(见附件2);未签发机动车维修竣工出厂合格证的机动车,不得交付使用,车主可以拒绝交费或接车。

第三十四条 机动车维修经营者应当建立机动车维修档案,并实行档案电子化管理。维修档案应当包括:维修合同(托修单)、维修项目、维修人员及维修结算清单等。对机动车进行二级维护、总成修理、整车修理的,维修档案还应当包括:质量检验单、质量检验人员、竣工出厂合格证(副本)等。

机动车维修经营者应当按照规定如实填报、及时上传承修机动车的维修电子数据记录至国家有关汽车电子健康档案系统。机动车生产厂家或者第三方开发、提供机动车维修服务管理系统的,应当向汽车电子健康档案系统开放相应数据接口。

机动车托修方有权查阅机动车维修档案。

第三十五条 道路运输管理机构应当加强机动车维修从业人员管理,建立健全从业人员信用档案,加强从业人员诚信监管。

机动车维修经营者应当加强从业人员从业行为管理,促进从业人员诚信、规范从业维修。

第三十六条 道路运输管理机构应当加强对机动车维修经营的质量监督和管理,采用定期检查、随机抽样检测检验的方法,对机动车维修经营者维修质量进行监督。

道路运输管理机构可以委托具有法定资格的机动车维修质量监督检验单位,对机动车维修质量进行监督检验。

第三十七条 机动车维修实行竣工出厂质量保证期制度。

汽车和危险货物运输车辆整车修理或总成修理质量保证期为车辆行驶20000km或者100日;二级维护质量保证期为车辆行驶5000km或者30日;一级维护、小修及专项修理质量保证期为车辆行驶2000km或者10日。

摩托车整车修理或者总成修理质量保证期为摩托车行驶7000km或者80日;维护、小修及专项修理质量保证期为摩托车行驶800km或者10日。

其他机动车整车修理或者总成修理质量保证期为机动车行驶6000km或者60日;维护、小修及专项修理质量保证期为机动车行驶700km或者7日。

质量保证期中行驶里程和日期指标,以先达到者为准。

机动车维修质量保证期,从维修竣工出厂之日起计算。

第三十八条 在质量保证期和承诺的质量保证期内,因维修质量原因造成机动车无法正常使用,且承修方在3日内不能或者无法提供因非维修原因而造成机动车无法使用的相关证据的,机动车维修经营者应当及时无偿返修,不得故意拖延或者无理拒绝。

在质量保证期内,机动车因同一故障或维修项目经两次修理仍不能正常使用的,机动车维修经营者应当负责联系其他机动车维修经营者,并承担相应修理费用。

第三十九条 机动车维修经营者应当公示承诺的机动车维修质量保证期。所承诺的质量保证期不得低于第三十七条的规定。

第四十条 道路运输管理机构应当受理机动车维修质量投诉,积极按照维修合同约定和相关规定调解维修质量纠纷。

第四十一条 机动车维修质量纠纷双方当事人均有保护当事车辆原始状态的义务。必要时可拆检车辆有关部位,但双方当事人应同时在场,共同认可拆检情况。

第四十二条 对机动车维修质量的责任认定需要进行技术分析和鉴定,且承修方和托修方共同要求道路运输管理机构出面协调的,道路运输管理机构应当组织专家组或委托具有法定检测资格的检测机构作出技术分析和鉴定。鉴定费用由责任方承担。

第四十三条 对机动车维修经营者实行质量信誉考核制度。机动车维修质量信誉考核办法另行制定。

机动车维修质量信誉考核内容应当包括经营者基本情况、经营业绩(含奖励情况)、不良记录等。

第四十四条 道路运输管理机构应当建立机动车维修企业诚信档案。机动车维修质量信誉考核结果是机动车维修诚信档案的重要组成部分。

道路运输管理机构建立的机动车维修企业诚信信息,除涉及国家秘密、商业秘密外,应当依法公开,供公众查阅。

第五章 监督检查

第四十五条 道路运输管理机构应当加强对机动车维修经营活动的监督检查。

道路运输管理机构应当依法履行对维修经营者所取得维修经营许可的监管职责,定期核对许可登记事项和许可条件。对许可登记内容发生变化的,应当依法及时变更;对不符合法定条件的,应当责令限期改正。

道路运输管理机构的工作人员应当严格按照职责权限和程序进行监督检查,不得滥用职权、徇私舞弊,不得乱收费、乱罚款。

第四十六条 道路运输管理机构应当积极运用信息化技术手段,科学、高效地开展机动车维修管理工作。

第四十七条　道路运输管理机构的执法人员在机动车维修经营场所实施监督检查时,应当有2名以上人员参加,并向当事人出示交通运输部监制的交通行政执法证件。

道路运输管理机构实施监督检查时,可以采取下列措施：

(一)询问当事人或者有关人员,并要求其提供有关资料。

(二)查询、复制与违法行为有关的维修台账、票据、凭证、文件及其他资料,核对与违法行为有关的技术资料。

(三)在违法行为发现场所进行摄影、摄像取证。

(四)检查与违法行为有关的维修设备及相关机具的有关情况。

检查的情况和处理结果应当记录,并按照规定归档。当事人有权查阅监督检查记录。

第四十八条　从事机动车维修经营活动的单位和个人,应当自觉接受道路运输管理机构及其工作人员的检查,如实反映情况,提供有关资料。

第六章　法 律 责 任

第四十九条　违反本规定,有下列行为之一,擅自从事机动车维修相关经营活动的,由县级以上道路运输管理机构责令其停止经营;有违法所得的,没收违法所得,处违法所得2倍以上10倍以下的罚款;没有违法所得或者违法所得不足1万元的,处2万元以上5万元以下的罚款;构成犯罪的,依法追究刑事责任：

(一)未取得机动车维修经营许可,非法从事机动车维修经营的。

(二)使用无效、伪造、变造机动车维修经营许可证件,非法从事机动车维修经营的。

(三)超越许可事项,非法从事机动车维修经营的。

第五十条　违反本规定,机动车维修经营者非法转让、出租机动车维修经营许可证件的,由县级以上道路运输管理机构责令停止违法行为,收缴转让、出租的有关证件,处以2000元以上1万元以下的罚款;有违法所得的,没收违法所得。

对于接受非法转让、出租的受让方,应当按照第四十九条的规定处罚。

第五十一条　违反本规定,机动车维修经营者使用假冒伪劣配件维修机动车,承修已报废的机动车或者擅自改装机动车的,由县级以上道路运输管理机构责令改正,并没收假冒伪劣配件及报废车辆;有违法所得的,没收违法所得,处违法所得2倍以上10倍以下的罚款;没有违法所得或者违法所得不足1万元的,处2万元以上5万元以下的罚款,没收假冒伪劣配件及报废车辆;情节严重的,由原许可机关吊销其经营许可;构成犯罪的,依法追究刑事责任。

第五十二条　违反本规定,机动车维修经营者签发虚假或者不签发机动车维修竣工出厂合格证的,由县级以上道路运输管理机构责令改正;有违法所得的,没收违法所得,处以违法所得2倍以上10倍以下的罚款;没有违法所得或者违法所得不足3000元的,处以5000元以上2万元以下的罚款;情节严重的,由许可机关吊销其经营许可;构成犯罪的,依法追究刑事责任。

第五十三条　违反本规定,有下列行为之一的,由县级以上道路运输管理机构责令其限期整改;限期整改不合格的,予以通报：

(一)机动车维修经营者未按照规定执行机动车维修质量保证期制度的。

(二)机动车维修经营者未按照有关技术规范进行维修作业的。

(三)伪造、转借、倒卖机动车维修竣工出厂合格证的。

(四)机动车维修经营者只收费不维修或者虚列维修作业项目的。

(五)机动车维修经营者未在经营场所醒目位置悬挂机动车维修经营许可证件和机动车维修标志牌的。

(六)机动车维修经营者未在经营场所公布收费项目、工时定额和工时单价的。

(七)机动车维修经营者超出公布的结算工时定额、结算工时单价向托修方收费的。

(八)机动车维修经营者未按规定建立电子维修档案,或者未及时上传维修电子数据记录至国家有关汽车电子健康档案系统的。

(九)违反本规定其他有关规定的。

第五十四条　违反本规定,道路运输管理机构的工作人员有下列情形之一的,由同级地方人民政府交通运输主管部门依法给予行政处分;构成犯罪的,依法追究刑事责任:

(一)不按照规定的条件、程序和期限实施行政许可的。

(二)参与或者变相参与机动车维修经营业务的。

(三)发现违法行为不及时查处的。

(四)索取、收受他人财物或谋取其他利益的。

(五)其他违法违纪行为。

第七章　附　　则

第五十五条　外商在中华人民共和国境内申请中外合资、中外合作、独资形式投资机动车维修经营的,应同时遵守《外商投资道路运输业管理规定》及相关法律、法规的规定。

第五十六条　机动车维修经营许可证件等相关证件工本费收费标准由省级人民政府财政部门、价格主管部门会同同级交通运输主管部门核定。

第五十七条　本规定自 2005 年 8 月 1 日起施行。经国家发展和改革委员会、国家工商行政管理总局同意,1986 年 12 月 12 日交通部、原国家经委、原国家工商行政管理局发布的《汽车维修行业管理暂行办法》同时废止,1991 年 4 月 10 日交通部颁布的《汽车维修质量管理办法》同时废止。

附件1 机动车维修标志牌

"一、二类汽车及其他机动车维修企业标志牌"式样。

  (A) 汽 车 维 修 企 业
     No. ××××××

经营项目 (B)
许可部门 ××××××
监督电话 ×××××××

  ×××××× 监制

注:1. 外轮廓尺寸为750mm×500mm×25mm;"汽车维修企业"用55mm×40mm长黑体;蓝色徽标直径为85mm;No.××××××用高20mm黑体;"经营项目、许可部门、监督电话"用32mm×27mm长黑体;材质:铜牌材。

2. A处根据许可项目,分别填写一类或二类。

3. B处根据许可项目,分别填写小型车、大中型客车、大型货车维修。危险品运输车辆维修企业,还应增加危险货物运输车辆维修,用23mm×30mm扁体。

附件2　机动车维修竣工出厂合格证

"机动车维修竣工出厂合格证"式样(正面)

剪开线　　　空白　　　中折线

附录二 定点汽车维修协议

1. 定点汽车维修协议(常规模式)

定点维修协议

协议书编号:

甲方:_____

乙方:×××汽车维修服务有限公司

甲乙双方经友好协商,就甲方将乙方作为汽车维修定点服务单位事宜达成如下协议。

一、甲方责任及义务

(1)甲方选定乙方作为其所选车型的定点维修单位(定点车辆信息见附件1)。

(2)甲方车辆需在乙方维修时,凭甲方车队在乙方登记备案的授权人签字或盖章的"维修单",(授权人如有变化,请立即通知乙方进行更改并备案),维修单中须注明车牌号、驾驶人姓名、维修项目等。维修后由驾驶人签字确认当次的结算单。

(3)接受乙方定期的质量跟踪回访。

(4)每月收到乙方的结算清单后,于_____日内以□支票、□信用卡、□现金的方式向乙方支付上月维修费用。逾期未交部分,需另行支付每日千分之三的滞纳金。

二、乙方责任及义务

(1)为甲方车辆建立详细的车辆档案及维修档案。

(2)对甲方的维修车辆实行维修工时费_____折优惠。

(3)为甲方的×××牌轿车提供原厂配件。

(4)对甲方的维修方式实行:按月结算的方式进行结算(结算时间为次月5日);单次维修金额超过_____元时,需当次结算。

(5)每次维修结算时除向甲方提供当次详细的结算清单外,在每月的结算日,需将当月汇总的结算清单以□传真、□E-mail、□快递的方式向甲方提交,另外,对于事故维修需保险公司理赔的车辆应当次结算。

(6)提供全年365天的维修服务并优先安排甲方车辆的预约维修和紧急维修。

(7)为甲方车辆实行市区及本市郊区县免费的24小时救援。

(8)为甲方车辆代办保险,实行出险后代办理赔、维修等一系列手续的一条龙服务。

(9)为甲方车辆的维护实行事先提醒。

(10)每年两次对车辆进行免费检测。

(11)随时对来厂维护、修理的车辆提出维护、修理建议。

(12)随时对车辆提供电话技术支持和车辆生产厂方的信息反馈。

(13)对年检车辆提前一个月进行提醒通知。

(14)所维修的车辆定期进行电话回访。

三、其他

(1)本协议一式两份,甲乙双方各持一份。

(2)本协议自签字之日起生效,有效期两年。协议延期只需在协议延期条款上注明时间并加盖双方公章即可。

(3)本协议延期至　　　年　　　月　　　日。

(4)本协议如有变更或争议,由甲乙双方协商解决。协调不成由乙方所在地法院裁定。

甲方：　　　　　　　　　　　　　　乙方：
地址：　　　　　　　　　　　　　　地址：
邮编：　　　　　　　　　　　　　　邮编：
电话：　　　　　　　　　　　　　　电话：
传真：　　　　　　　　　　　　　　传真：
　　　　　　　　　　　　　　　　　救援电话：
E-mail：　　　　　　　　　　　　　E-mail：
　　　　　　　　　　　　　　　　　网址：
代表人：　　　　　　　　　　　　　代表人：
日期：　　年　月　日　　　　　　　日期：　　年　月　日

附件1　定点车辆信息表

序号	车牌号	VIN	发动机号	底盘号	驾驶人	联系方式
1						
2						
3						
……						

附件2　车辆维修联系单

×××汽车维修服务有限公司：

现有我单位车辆需要前来你公司维修,请予以接纳、安排。

车牌号：　　　　　　驾驶人姓名：　　　　　　所属部门：

故障描述：

　　　　　　　　　　　　　　　　　领导签字：
　　　　　　　　　　　　　　　　　(盖章)
　　　　　　　　　　　　　　　　　　年　　月　　日

2. 定点汽车维修协议(政府采购模式)

××市市属行政事业单位公务用车定点维修合同

甲方:××市市属各行政事业单位
乙方:根据××市_____年度市属行政事业单位公务用车定点维修服务资格采购项目(项目编号:××××)的招标结果,乙方成为××市市属行政事业单位公务用车定点维修企业。
甲、乙双方经友好协商,达成以下条款:
一、合同书组成及优先次序
(1)本合同书及附件;
(2)投标文件、澄清文件及各种书面承诺;
(3)招标文件及修改或补充文件。
二、维修服务对象
(1)甲方核定的所属车辆(详见附件1《送修车辆表》)并交予乙方;
(2)甲方更改《送修车辆表》(附件1)必须及时通知乙方。
三、车辆维修服务项目
车辆维护、车辆大修、车辆小修、车辆年检,其他有关的汽车维修服务项目。
四、维修程序
(1)甲方必须填写统一印制的《送修单》一式两份,《送修单》上应注明送修车辆型号、车牌号码、维修项目、维修费用、送修日期、完工日期,并加盖公章;
(2)乙方收到甲方送修车辆后出具接收车辆凭证;
(3)在维修过程中,乙方如发现其他故障需增加维修项目、费用或延长维修时间,应及时填写报价单并通知甲方,甲方在接到报价单后2个工作日内应予以答复,逾期视为同意。
五、维修费用
(1)人工费指每车每项目每次的收费,_____元/工时;
(2)材料费指材料进货价格;
(3)管理费收取比例:_____%;
六、质量保证
乙方必须保证车辆维修的质量。维修车辆出厂前,乙方必须进行质量检定,并出具出厂合格证给甲方。在保修期内,因维修质量造成的直接经济损失,由乙方负责。
(1)维修出厂车辆的质量保证里程为:整车修理或总成修理:20000km或120日;B、车辆二级维护:6000km或60日;车辆一级维护、小修及零件修理:3000km或30日。
(2)在质量保证期内,发生同样故障或因该维修部位所引起的其他故障引起的维修,应给予全部免费维修,对查不出原因的维修质量问题,在质量保修期内,应无偿返修。
七、送修车辆移交及结算办法
(1)乙方将车辆修竣应及时通知甲方,移交时将《结算单》一并交予甲方;
(2)甲方应仔细检查修竣车辆,如发现问题立即向乙方提出,如无异议,应及时办妥车辆移交手续;
(3)结算时必须以《送修单》、《结算单》、维修企业开具的正式发票作为依据;

(4)甲方在收到《结算单》之日起 3 个工作日核算完毕,每月结算一次,每月 5 日前结清上月维修费用。

八、甲方义务

(1)送修车辆应是《送修车辆表》(附件 1)中所列的车辆,并按合同规定填写《送修单》;

(2)按时接收已维修好的车辆,按时支付车辆维修费用;

(3)妥善保管好所有维修单据及询价资料,随时接受有关部门检查。

九、甲方权利

(1)有权获得优先服务,享受和监督乙方在该项目投标文件中所承诺的各种优惠和服务。

(2)对经乙方维修出厂的车辆,发现质量不合格或与《送修单》项目不符时,有权要求乙方无偿返工,直至符合要求为止;

(3)有权向××市财政局投诉乙方的违约行为。

十、乙方义务

(1)优先为甲方送修车辆提供维修服务,按约定时间完成维修作业;

(2)按投标承诺和本合同规定,保证维修质量;

(3)负责送修期间车辆的安全;

(4)保证所用配件为全新原厂配件,不得以次充好、以旧充新或随意更换汽车配件;

(5)修竣车辆应填写《结算单》,注明完成时间、维修材料项目及进货价格和管理费;

(6)保存好所有维修单据和资料,随时接受甲方和有关部门检查;

(7)将更换下来的旧件交还给甲方;

(8)每月向××市财政局上报《定点维修单位月报表》(详见附件 2),每季度向××市财政局上报主要零配件供应价格及人工费收取价格;

(9)保护好甲方授予的定点维修企业牌匾,合同期满后交回甲方;

(10)必须做到"一车一档",档案中必须包括送修单证,维修项目及收费清单、零配件购入清单及购买发票复印件和公务车维修质量保证卡。

十一、乙方权利

(1)有权要求××市政府采购中心授予定点维修企业牌匾;

(2)有权要求送修车辆出示具有签字、盖章的完整《送修单》;

(3)有权要求甲方按时结清维修费用;

(4)有权拒绝甲方提出的除维修项目及承诺服务以外的其他要求;

(5)有权向××市财政局投诉甲方的违约行为。

十二、合同履约保证金

(1)合同履约保证金为人民币伍万元整,乙方应在合同签订之日起 5 个工作日内以银行转账方式存入××市财政局指定账户;

(2)在合同履行期间,除本合同第十四条第三款规定的情形不退回合同履约保证金外,甲方应在本合同履行期满或终止后 5 个工作日内向乙方无息退还合同履约保证金。

十三、违约责任

(1)甲方应依本合同约定及时向乙方支付维修费用,如逾期偿付,则按欠付修理费总额每日万分之五支付违约金。

（2）乙方维修车辆完工后应及时书面通知甲方接收，甲方应在接到通知后2个工作日内接收车辆，逾期则以每车每日壹佰元的标准向乙方支付保管费。

（3）乙方若未按其与甲方约定的期限完成维修作业，每逾期一天，按该车维修费总额每日万分之五偿付违约金给甲方，并赔偿甲方每车每日壹佰元，以上款项甲方可从应付维修费中扣减。

（4）在维修期间丢失或损毁送修车辆的，乙方承担赔偿责任。

（5）如因出现维修质量问题，乙方除无偿返工之外，并赔偿因此而造成的一切经济损失。

（6）如乙方维修更换配件报价高于市场平均价的10%，则乙方按其所报配件价格的两倍向甲方支付违约金。市场平均价格计算方法为：若维修车型在本市有4S店，以4S店在3个月内不含管理费的售价为准；若维修车型在本市没有4S店，即以市场上随意选取3家配件供应商3个月内的平均售价为准。

发生价格争议时，乙方应按甲方指定时间，指派专人陪同按上述约定方式调查核定市场平均价，双方应在调查结果上签字。乙方不派人参与调查的，视为认可甲方单方调查结果。

十四、合同的终止

（1）任何一方如发生不可抗力事件而丧失履行合同能力，本合同自行终止；

（2）在合同履行期内，如与市政府有关规定相抵触，本合同自行终止；

（3）乙方如有下列情况之一发生，甲方有权单方面终止合同，合同履约保证金不退还，且乙方应承担赔偿责任：

①乙方不按甲方要求按时向××市财政局上报每月《定点单位月报表》累计3次；

②乙方未按招标文件要求诚信经营，发现虚假或欺骗经营行为的；

③对乙方的有效投诉记录达到3次或甲方和××市财政局采购监督管理办公室检查发现有违背投标承诺3项的；

④擅自将送修车辆交由其他厂维修的；

⑤擅自使用非原厂配件或原厂旧件或换取送修车辆其他零件的；

⑥故意增加维修项目，虚报零配件价格（报价超过市场平均价格10%的），或以不正当手段拉拢客户的；

⑦因维修质量问题，导致甲方车辆出现事故造成重大损失的；

⑧向甲方提供回扣的。

十五、合同期限

本合同有效期自签订之日至×××年×月××日止。

十六、争议的解决方式

如双方在履行合同时发生纠纷，应尽量协商解决；协商不成，一律由××市仲裁委员会按该会仲裁程序解决。

十七、合同的变更与补充

本合同履行期间，甲乙双方可协商对本合同条款进行修改或补充，并签订补充合同。

十八、其他

本合同一式肆份，××市财政局、××市政府采购中心和甲、乙双方各持一份。

附录二 定点汽车维修协议

甲方：　　　　　　　　　　　乙方：
地址：　　　　　　　　　　　地址：
代表人：　　　　　　　　　　代表人：
签订时间：××××年×月××日

附件1　送修车辆信息表

序号	型　号	备　注
1		
2		
3		
……		

附件2　定点单位月报表

乙方名称(盖章)：　　　填报时间：　年　月　日　　填报人：　　　联系电话：

序号	送修单位	送修车辆总数（辆）	各种维修的市场总价（元）	对政府公务车实收总价（元）	维修费节约总额（元）	备注
1						
2						
3						
……						
合计						

注：1. 本表为月报表，乙方必须将每月维修统计数据于次月3日内报甲方；

2. 维修费节约总额=各种维修市场总价－对政府公务车实收总价；

3. 各种维修市场总价、对政府公务车实收总价、维修费节约总额均以各种维修价格总计算后的金额为准。

　　　　　　　　　　　　　　　　　　法定代表人或委托授权人签名：
　　　　　　　　　　　　　　　　　　　　　年　　月　　日

参 考 文 献

[1] 贾逵钧,莫远.如何做好汽车维修业务接待[M].北京:机械工业出版社,2006.

[2] 戴冠军.汽车维修工程[M].北京:人民交通出版社,2001.

[3] 范瑞亭,苗泽青.汽车维修行业管理指南[M].北京:人民交通出版社,2005.

[4] 高延龄.汽车运用工程[M].北京:人民交通出版社,2006.

[5] 李华.我国汽车维修企业存在的问题及发展对策[J],科技信息.北京:科技出版社,2008.10.

[6] 黄伟.中国汽车维修业的发展趋势,职业技术理论研究[J].重庆:重庆出版社,2007.4.

[7] 于秀华.实行连锁经营是我国汽车维修企业的发展趋势[J],林业机械与木工设备.哈尔滨:东北林业大学出版社,2004.11.